本书为全国教育科学规划国家一般项目"社交型机器人对幼儿亲社会行为的影响及干预研究"（项目编号：BBA220195）的研究成果

李卉 著

社交机器人与学前儿童的亲社会行为

Social Robots and Children's Prosocial Behaviors

武汉大学出版社

图书在版编目(CIP)数据

社交机器人与学前儿童的亲社会行为 / 李卉著. -- 武汉：
武汉大学出版社,2025.6. -- ISBN 978-7-307-25039-0

Ⅰ. G611

中国国家版本馆 CIP 数据核字第 2025GC9374 号

责任编辑:郭　静　　　责任校对:杨　欢　　　版式设计:马　佳

─────────────────────────────

出版发行：**武汉大学出版社**　　(430072　武昌　珞珈山)

　　　　　(电子邮箱：cbs22@whu.edu.cn　网址：www.wdp.com.cn)

印刷:武汉邮科印务有限公司

开本:720×1000　　1/16　　印张:7.75　　字数:102 千字　　插页:1

版次:2025 年 6 月第 1 版　　2025 年 6 月第 1 次印刷

ISBN 978-7-307-25039-0　　　定价:46.00 元

─────────────────────────────

前　　言

　　随着科技的不断进步，社交机器人已经逐渐从科幻概念走进了现实生活。社交机器人不仅在娱乐、服务等领域发挥着重要作用，其在教育领域的应用也逐渐受到研究者的关注，尤其是学前教育领域。学前儿童正处于身心发展的敏感时期，亲社会行为的发展对于他们未来的成长和社会适应具有至关重要的意义。社交机器人的出现为学前儿童的教育提供了新的可能性和途径。关于社交机器人与学前儿童亲社会行为之间的关系，仍存在很多值得深入探讨的问题，例如，学前儿童的亲社会行为能否迁移到社交机器人身上？面对社交机器人，学前儿童的亲社会行为呈现什么样的特点？学前儿童是否能从社交机器人身上习得亲社会行为？等。本书旨在深入研究社交机器人对学前儿童亲社会行为的影响，分析影响机制和干预策略，为学前教育的实践提供理论依据。

　　本书一共分为两个部分，划分为六个章节。第一部分聚焦机器人与学前儿童亲社会行为的相关理论，共两章，第一章从机器人的概述、幼儿与机器人的互动两方面介绍了机器人和社交机器人的定义，以及学前儿童与机器人互动的形式、内容和影响因素。第二章人工智能时代的学前儿童亲社会行为共四节，前三节分别阐述了亲社会行为的概念、学前儿童的亲社会行为和亲社会行为的测试方式，第四节系统地梳理了社交机器人有效引发幼儿亲社会行为的理论依据及影响因素。

　　第二部分通过机器人与学前儿童的分享行为、机器人与学前儿童的帮助行为、机器人与学前儿童亲社会行为的研究反思、机器人与学前儿童亲社会行为教育展望四章梳理了目前对机器人与幼儿社交行为所做的研究,该部分阐明了机器人的熟悉程度、行为效价、交替注视、声音等特征对学前儿童亲社会行为的影响,通过一系列的实证研究及反思为后续的教育实践提供有益的指导。

本书理论与实践相结合,不仅阐述了机器人与学前儿童亲社会行为的相关理论,也通过实证研究证明了社交机器人对促进学前儿童帮助行为的有效性,为机器人应用于学前儿童的教育提供了具体指导,保证了本书的实践性和可操作性。

最后,感谢全国教育科学规划项目"社交型机器人对幼儿亲社会行为的影响及干预研究"(项目号:BBA220195)的资助,感谢整个"社交机器人与学前儿童亲社会行为研究"团队(许欣慧、刘思懿、李紫卉、胡廷竹支、金旭东、庞怡、贾千禧、李嘉欣)的共同努力和科研贡献,还要感谢参加研究的科研助理们。

目　　录

第一部分　概　述

第一部分　概　述

第一章　机器人：人工智能时代的产物

自 20 世纪 50 年代第一个现代机器人问世以来，机器人技术经历了翻天覆地的变化。在过去的几十年中，机器人产品的应用范围日益广泛，从工业生产到家庭生活，从医疗辅助到教育娱乐，机器人产品已然成为现代社会的重要组成部分。

本章将介绍机器人的基本概念、社交机器人及其类型，并详细讨论幼儿与机器人互动的理论基础。我们将探讨这些互动的形式与内容，以及影响这些互动的各种因素，旨在为读者提供一个全面的视角，从而理解机器人技术如何塑造幼儿的互动体验，并影响他们的社会、情感和认知发展。通过这一章的讨论，我们希望能够为读者揭开幼儿与机器人互动的神秘面纱，并启发读者思考这一新兴领域对幼儿成长的潜在影响。

第一节　机器人概述

一、机器人的定义与发展

从历史发展的视角来看，机器人的定义随着技术进步而不断发展。美国发明家 George Devol 在 1954 年发明了第一个数字化操作的、可编程的机器人，并将其定义为"重复性作业的操作机器人"，这标志着现代机器人的诞生。随着机器人技术的不断进步，特别是编程、自动化等技术的发展，人们对机器人的认识不断深化。1981 年，美国国家标准局（National Bureau of Standards，NBS）提出了一个被广泛认可的机器人定义："一种能够进行编程并在自动控制下执行某些操作或移动作业任务的机器人装置。"强调了机器人的编程能力和自动控制能力。随后，国际标准化组织（International Organization for Standardization，ISO）于 1987 年进一步提出，机器人是"一种具有自动控制的操作和移动功能，能完成各种作业的可编程操作机"。这两个组织的介入使得机器人的概念在国际范围内获得了较为广泛的认可，逐渐走向标准化，推动了全球范围内机器人领域的学术交流和技术合作。

近年来，在人工智能技术的推动下，机器人的智能化和自主性得到了显著的提升。Winfield 在 2012 年于 *Robotics: A Very Short Introduction* 一书中讨论了机器人的三种定义：一个能够感知环境并有目的地在该环境中行动的人工设备；一个具身的人工智能；一个能够自主执行有用工作的机器。① 这三种定义分别从感知能力、行动能力以及自主执行任务的能力三个方面阐述了机器人的核心特征。随着传感器技术的进步，机器人已经能够感知环境变化，并自主地对这些变化作出快速、准确的响应，这与早期依赖预设程序执行任务的机器人相比有了质的飞跃。同时，机器人的自主性也有了显著提高。早期的机器人需要人类进行大量的干预，而现在的机器人能够在没有人为干预的情况下执行任务，这得益于先进的人工智能算法。这些变化体现出了智能时代机器人技术的发展。

上述定义大多局限在工业机器人的范畴之内，这是由其在历史上的先驱地位、技术成熟度以及经济影响力所决定的。时至今日，机器人的应用早已远远超出工业领域。它们在教育、陪伴和治疗等领域的应用日益增多，势不可挡地渗透至家庭、教育场所和公共空间，幼儿接触此类技术的频次与机会也随之增加。相较成人，在目前的技术环境中，幼儿在未来的

---

① WINFIELD A. Robotics: A very short introduction[M]. Oxford: Oxford University Press, 2012: 1-11.

生活中将与人工智能接触时间更长，甚至可能相伴终生。考虑到技术本身的不成熟以及幼儿身心发展的不成熟，了解幼儿与人工智能的互动模式以及人工智能会对幼儿发展产生何种影响值得研究的不断关注。

二、社交机器人及其分类

在众多类别的机器人中，社交机器人因其独特的互动特性和在人类社会中的广泛应用价值脱颖而出。社交机器人是指通过展示社会行为并遵守人类的社会规范，与人类进行互动和交流的自主或半自主机器人。① 它们在教育、陪伴、医疗和娱乐等多个领域展现出巨大的应用潜力。这些机器人不仅是工具，更是人类社会互动的参与者。它们通过模拟人类的社交行为，为幼儿提供了一个全新的互动平台。在这个平台上，幼儿可以与机器人交流、学习、游戏，甚至建立情感联系。社交机器人的兴起标志着机器人技术从单纯的功能性应用向更加人性化、情感化的方向发展。它们正在成为人类社会中不可或缺的一部分，尤其是对幼儿群体而言，社交机器人的影响和意义尤为深远。与幼儿接触较为密切的社交机器人可以从外观上分为以下两类。

（一）动物形机器人

动物在儿童的成长中扮演着重要角色，它们不仅能够陪伴幼儿，而且在喂养和照料动物的过程中，幼儿能够学会关爱、责任和自我约束等重要品质，同时也能从中获得精神上的满足和愉悦。然而，随着人类城市化进程的加速，我们与动物等自然实体的距离日益疏远，技术产品逐渐成为生

---

① BARTNECK C, FORLIZZI J. A design-centred framework for social human-robot interaction [C]//13th IEEE International Workshop on Robot and Human Interactive Communication (RO-MAN 2004), September 20-22, 2004, Kurashiki, Japan. Piscataway：IEEE, 2004：591-594.

活的一部分。在这一背景下，动物形机器人应运而生，它们通过模仿真实动物的外观、行为或语言特征，衍生出了繁多的种类。

最早的动物形机器人之一是日本万代公司推出的机器人 Tamagochi，它是一个蛋形的电子宠物机器人，这款机器人具备一些基本的互动功能，如喂食、清洁等，可以模拟动物的养成过程。2000 年，中国香港推出了更为智能的狗形机器人 i-Cybie，它不仅可以移动，还可以模拟一些基本的情绪反应。它可以通过预设的动作和声音来表现出类似快乐、兴奋或悲伤等情绪。索尼制造的 AIBO 则是一款能够"自主活动"的狗形机器人，也是目前探索人机互动中最常用的动物形机器人。与之类似的有美国玩具公司制造的"黄金小狗"Golden Pub，它是一只黄色的毛绒玩具狗，能够感知幼儿的情绪并进行互动游戏，促进幼儿的社会性发展。

儿童是如何看待动物形机器人的呢？以下两项经典实验提供了相关结果。Kahn 等人在 2004 年的实验中，有 80 名幼儿与 AIBO 机器人进行了互动，互动后超过四分之三的幼儿表示他们喜欢 AIBO 机器人，认为 AIBO 机器人也喜欢他们，并能与他们成为朋友。[①] 在第二项研究中，来自三个年龄组(7~9 岁、10~12 岁和 13~15 岁)的 72 名儿童与 AIBO 机器人和一只真实的狗互动。互动结束后，研究者对每一位儿童都进行了访谈。结果显示，尽管知道机器人不具备生物特性(22%)，超过 60% 的儿童仍然认为 AIBO 机器人具有心理状态和社交能力。[②] 这说明尽管儿童意识到 AIBO 机器人是科技产品，但这并未影响他们与 AIBO 机器人的互动，他们对待狗形机器人与对待真实的狗一样。环境(家庭、教育、商业和医疗)不同，其

① KAHN P H Jr, FRIEDMAN B, PEREZ-GRANADOS D R, et al. Robotic pets in the lives of preschool children[C]//CHI'04 Extended Abstracts on Human Factors in Computing Systems, April 24-29, 2004, Vienna, Austria. New York: ACM, 2004: 1449-1452.

② MELSON G F, KAHN P H Jr, BECK A, et al. Children's behavior toward and understanding of robotic and living dogs[J]. Journal of Applied Developmental Psychology, 2009, 30(2): 92-102.

拟人化程度各不相同。

在不久的将来，人形机器人将成为我们日常生活中重要的一部分，在教育场景中，它们可以作为儿童的导师或学习伙伴；在公共场所中，它们可以是接待员和服务者；在养老养护方面，它们可以是老年人的护理者。儿童在与人形机器人互动时，往往会表现出与人类互动时相似的社交行为或心理反应。在一项研究中，90 名儿童(9 岁、12 岁和 15 岁)与机器人 Robovie 进行了 15 分钟的互动，大多数儿童在与 Robovie 的语言和肢体交流中，使用了与人类互动时相似的社交用语和方式。值得注意的是，当实验者试图不顾 Robovie 的"反对"将其放入壁橱时，大多数儿童认为实验者不应该这么做，他们认为 Robovie 应该得到公正对待，不应受到心理上的伤害。[1] 在李洁等人 2023 年的研究中，92.9% 的幼儿愿意和人形机器人悟空做朋友。该研究还指出，3~6 岁幼儿将人形机器人视为具有情感的人工制品，并且愿意与其进行情感互动。[2] 可见，幼儿能够与人形机器人建立起社交联系，并在情感上进行互动。

(二)语音助手

语音助手利用语音交互技术，使用户能够以自然语言的形式发出指令或提出问题，并获取多样化的服务，例如，播放音乐、创建清单或撰写消息。[3] 相较于早期的语音识别系统，现代系统不再受限于用户必须使用特定词汇或遵循特定模式，这极大地提高了语音助手的灵活性和用户体验。

① KAHN P H Jr, KANDA T, ISHIGURO H, et al. "Robovie, you'll have to go into the closet now": Children's social and moral relationships with a humanoid robot [J]. Developmental Psychology, 2012, 48(2): 303.
② 李洁, 赵爽, 刁云慧, 等. 学前儿童对陪伴机器人的生命感知及其交互机制[J]. 学前教育研究, 2023(3): 58-69.
③ HOY M B. Alexa, Siri, Cortana, and more: an introduction to voice assistants[J]. Medical Reference Services Quarterly, 2018, 37(1): 81-88.

语音助手还能够为识字能力有限或精细运动技能尚未成熟的幼儿提供与互联网设备交互的机会。在家庭中,语音助手还能链接和控制其他智能设备,如智能电视、照明系统和空调,这可能会让幼儿意识到语音助手与其他设备存在不同之处。

尽管语音助手在交流中缺少面部表情、肢体语言、手势、目光接触和情绪反应等非语言元素,可能对幼儿与其建立社交联系构成挑战。然而,相关研究表明,幼儿已将语音助手视为可以交往的"伙伴"。在一项针对3~6岁幼儿的研究中,幼儿认为语音助手具有智能、情感和记忆能力,并对它们表现出偏好,在与语音助手交流时,儿童还会出现点头、微笑、耸肩和皱眉等非言语行为,尽管语音助手无法识别这些信息。① 2017年的一项研究显示,3~10岁的儿童认为智能音箱聪明、友好且值得信赖,这也表明儿童将某些人类特质赋予了语音助手。在互动过程中,儿童不仅会询问语音助手的身份和个性,还会与之开玩笑,仿佛它是一个真实的人一样,例如,他们会说:"谷歌,我能吃你吗?"② 不过随着年龄的增长,与4~5岁的幼儿相比,7~8岁的儿童更倾向于信任其提供的事实信息,而非个人信息。4~5岁的幼儿则更倾向于将语音助手拟人化,并认为其具备思考能力和学习兴趣这样的类人心理特征。③ 这些研究结果表明,幼儿能够将语音助手视为可交往的"伙伴",并与之建立社交互动。

---

① XU Y, WARSCHAUER M. Exploring young children's engagement in joint reading with a conversational agent [C]//Proceedings of the Interaction Design and Children Conference, June 17-24, 2020, London, United Kingdom. New York: ACM, 2020: 216-228.

② DRUGA S, WILLIAMS R, BREAZEAL C, et al. "Hey Google is it ok if I eat you?" Initial explorations in child-agent interaction [C]//Proceedings of the 2017 Conference on Interaction Design and Children (IDC 2017), June 27-30, 2017, Stanford, CA, USA. New York: ACM, 2017: 595-600.

③ GIROUARD-HALLAM L N, DANOVITCH J H. Children's trust in and learning from voice assistants[J]. Developmental Psychology, 2022, 58(4): 646.

第二节　幼儿与机器人的互动

一、儿童与机器人互动的相关理论

在探索儿童与机器人互动（child-robot interaction，CRI）时，我们不可避免地进入了一个由多学科理论交织而成的复杂而丰富的知识体系。这些理论不仅涵盖了儿童发展心理学、认知科学和社会互动的基本原则，还融合了机器人学和人机交互等新兴领域。它们共同构成了我们理解儿童与机器人互动的基础，指导我们如何通过机器人技术促进儿童的学习、发展和社交技能。以下内容将深入探讨这些理论框架，分析它们如何帮助我们理解儿童与机器人互动的种种现象，并为未来的研究和实践提供指导。

（一）发展控制学（developmental cybernetics）

发展控制学由 Itakura 等人提出，这是一个融合了发展心理学和机器人学的新兴研究领域，其核心在于研究儿童与机器人之间的社会互动。这一理论框架主要从交流理论（theory of communication）、身体理论（theory of body）和心理理论（theory of mind）三个方面来解释儿童和机器人之间的互动机制，包括儿童如何将机器人视为社会行动者，以及这种互动如何影响儿童的心理发展。[1] 发展控制学假设，人类对机器人互动的心理机制和过程，类似于与人类互动时的机制和过程。例如，4 岁幼儿会对处于困难情境中的社交机器人表现出和对待人类相似的帮助行为。[2] 总体来说，发展控制

---

[1]　ITAKURA S, ISHIDA H, KANDA T, et al. How to build an intentional android: infants' imitation of a robot's goal-directed actions[J]. Infancy, 2008, 13(5): 519-532.

[2]　MARTIN D U, PERRY C, MACINTYRE M I, et al. Investigating the nature of children's altruism using a social humanoid robot[J]. Computers in Human Behavior, 2020 (104): 106149.

学通过研究儿童与机器人的互动，探索了儿童心理发展的新途径，并为社交机器人的设计和应用提供了科学依据。

（二）泛灵论（animism）

泛灵论，亦称万物有灵论，代表了个体将人类具有的某些特征赋予非生命实体的倾向。社交机器人作为"有生命-无生命"的中间体，因其类人的外观或动作，常被幼儿视为具有生命的存在。

Okanda 等人 2021 年在一项关于儿童对机器人认知的研究中提出了三种不同的泛灵论倾向。① 第一种是绝对泛灵论（categorical animism）。一些认知不够成熟或缺乏相关生物知识的幼儿会表现出该倾向，他们可能会错误地混淆生物与非生物的概念，认为自然界中的元素或移动的机器是有生命的。儿童心理学家皮亚杰指出，儿童在生命的早期会表现这种倾向，例如，他们可能认为云朵、时钟、火焰等物体是有生命的。第二种是拟人化泛灵论（anthropomorphizing animism）。拟人化泛灵论倾向起源于神学或文化人类学，它代表人们倾向于相信灵魂或者精神的存在。例如，有人会为某些无生命物品（玩偶、梳子等）举行葬礼。② 这种倾向与绝对泛灵论不同，年纪较大的儿童或者成人并不相信某些物品是有生命的，但可能会假装它们有灵魂、精神，从而尊重这些物品。第三种是主体泛灵论（agentic animism）。它是指人们倾向于相信一些事物（包括机器人）虽然不具备生物属性，但是具备心理属性。③ 具有主体泛灵论的人会将有生命和无生命的

---

① OKANDA M, TANIGUCHI K, WANG Y, et al. Preschoolers' and adults' animism tendencies toward a humanoid robot[J]. Computers in Human Behavior, 2021(118)：106688.

② IKEUCHI H. Animistic thinking in adults：the memorial service for dolls as a voluntary loss[J]. Japanese journal of Social Psychology, 2010, 25(3)：167-177.

③ OKANDA M, TANIGUCHI K, ITAKURA S. The role of animism tendencies and empathy in adult evaluations of robot[C]//Proceedings of the 7th International Conference on Human-agent Interaction. 2019：51-58.

物体都视为有思想、有意识的主体。年龄较大的儿童和成人可以同时表现出拟人化泛灵论和主体泛灵论，例如，有人相信灵魂的存在，也相信某些事物是具有情绪、思想等心理能力的主体。

基于此，研究者们编制了泛灵论测试提纲用于测量儿童对机器人的认知①（见表1-1）。

研究笔记：

在对学前儿童进行泛灵论测试的过程中，我们发现机器人的某些属性（例如，能不能"吃东西"以及机器人是"活着的/死亡的"）在幼儿的眼中具有象征意义。比如，幼儿认为机器人是"吃"电的，而不是和人一样吃饭；机器人有电，它就是"活着"的，机器人没有电了，就代表它"死了"。

表1-1　泛灵论测试提纲

属性	问题	
生理	Ta 会吃东西吗？	Ta 会长大吗？
心理	Ta 会思考吗？	Ta 会感到快乐/难过吗？
感知	Ta 能看见吗？	如果我给 Ta 挠痒痒，Ta 能感觉到吗？
命名	你能给 Ta 起名字吗？	
人造	Ta 是由人类制造的吗？	Ta 会被摔碎吗？

（三）心理理论（theory of mind，ToM）

心理理论是人类特有的一种能力，是指将心理状态（意图、思想、欲

---

① OKANDA M，TANIGUCHI K，WANG Y，et al. Preschoolers' and adults' animism tendencies toward a humanoid robot[J]. Computers in Human Behavior，2021（118）：106688.

望、情感)归因于自己和他人，从而解释和预测个体某些行为的能力。

　　心理理论的发展始于个体生命早期。婴儿通过母亲使用的与心理状态相关的词汇开始体验和理解心理领域。[①] 2 岁时，幼儿在与母亲的互动中接收到大量的相关词汇输入，逐渐习得描述心理状态的词汇，这进一步促进了他们对心理状态的理解。[②] 4～6 岁的幼儿开始逐渐意识到他人的心理状态可能与自己的不同[③]，这是心理理论发展的一个重要里程碑。

　　重要的是，心理理论不仅仅能够用于解释和预测人类的行为。还能帮助人们推断非人类个体的内部状态，以便与它们互动。以上非人类个体涵盖了非拟人化生物实体(例如，动物)、拟人化非生物实体(例如，机器人)，以及非拟人化非生物实体(例如，水杯)。研究表明，5 岁以上的儿童与类人机器人互动时也会将心理状态归因于它们，并且更有可能对那些与人类更加相似的机器人赋予更多的心理状态。[④]

二、幼儿与机器人互动的形式、内容与影响因素

(一)幼儿与机器人互动的形式与内容

　　作为重要的社会代理，社交机器人对儿童的影响不容忽视。以往研究表明，在教育领域，机器人可以扮演导师、同伴及学习者的角色等。

① GIOVANELLI C, DI DIO C, LOMBARDI E, et al. Exploring the relation between maternal mind-mindedness and children's symbolic play: A longitudinal study from 6 to 18 months[J]. Infancy, 2020, 25(1): 67-83.
② SLAUGHTER V, PETERSON C C, CARPENTER M. Maternal mental state talk and infants' early gestural communication[J]. Journal of Child Language, 2009, 36(5): 1053-1074.
③ WIMMER H, PERNER J. Beliefs about beliefs: representation and constraining function of wrong beliefs in young children's understanding of deception[J]. Cognition, 1983, 13(1): 103-128.
④ MARCHETTI A, MANZI F, ITAKURA S, et al. Theory of mind and humanoid robots from a lifespan perspective[J]. Zeitschriftfür Psychologie, 2018(2206): 98-109.

当机器人扮演导师或教学助理角色时，它们能为教师提供有力的教学支持（例如，可以通过提示、监督、辅导等方式为学生提供直接的教学服务）。为了探讨机器人是否会影响学习者的学习态度和学习效果，研究者们会将机器人置于真实的教室环境中，使其与学习者进行充分的互动。一方面，机器人可以扮演导师角色，与学习者进行一对一的互动。比如在21世纪初时，一款名为 IROBI 的机器人（Yujin Robotics）发布，该机器人能扮演导师教授英语。与其他教学技术（例如，音频）相比，IROBI 的使用提高了小学生对学习活动的专注度和学习成绩。① 当机器人扮演导师角色时，机器人的工作主要集中在对学生的一对一互动上，而这些互动为学生的个性化教育提供了可能。另一方面，机器人还可以扮演教学助理的角色，协助教师完成教学活动。在这种情况下，机器人与学习者之间不再采用传统的一对一互动模式，而是以一对多的方式，通过生动的展示和引导来提高学习者的专注力和学习动机，从而间接促进学习效果。

机器人还可以扮演人类的同伴或学习伙伴的角色。当机器人扮演导师角色时，学习者可能会产生敬畏权威的情绪，而当机器人作为学习者的同伴时，这种对等的关系能够促进更自然、更积极的互动，从而提升学习效果。Robovie 机器人是第一个被引入小学的自主机器人，其特征是具备英语表达能力。一项针对日本小学生（一年级到六年级）的研究证明，当其被投放至英语课堂来教授目标儿童英语两周后，儿童的英语技能有所提高。②

机器人也可以扮演学习者角色。在这种情境下，幼儿会扮演导师角色，这种角色设定可以增强幼儿的学习信心，巩固学习效果。例如，

① HAN J H, JO M H, JONES V, et al. Comparative study on the educational use of home robots for children[J]. Journal of Information Processing Systems, 2008, 4(4): 159-168.

② KANDA T, HIRANO T, EATON D, et al. Interactive robots as social partners and peer tutors for children: a field trial[J]. Human-Computer Interaction, 2004, 19(1-2): 61-84.

Tanaka 等人的研究将 CRR 机器人引入了英文学习课堂。该机器人是第一个以"可教"理念设计出的机器人，它被设计为故意在英语词汇学习中犯错的模式，幼儿可以对其纠错，它则会随之改正。研究证明，该机器人能够有效促进 3~6 岁日本幼儿的英文词汇学习能力。① Hood 等人开展了一项名为"CoWriter"的项目，该项目探索使用"可教"机器人是否会帮助 3~6 岁幼儿提高书写技能。在该研究中，"可教"人形机器人与触控板相结合，该机器人最初表现得自身书写能力很差，幼儿会对该机器人进行教学，幼儿在该过程中也反思了自己的书写能力，巩固了自身的知识，从而提升了书写技能。② 以上研究表明，当机器人扮演学习者的角色时，幼儿更有可能积极地探索学习材料，以便"教会"机器人。在这个过程中，幼儿对学习材料的理解更加深刻，理解能力也得到显著提升。

一项元分析表明，现有研究主要将机器人设置为导师的角色(占比 48%)，而仅有 9% 的研究将机器人设置为同伴或学习者的角色。此外，机器人在互动模式上的应用也存在差异。65% 的研究采用一对一互动模式，30% 采用一对多互动模式，另有 5% 的研究采用混合互动模式，即机器人首先对一个以上的学生进行教学，然后进行一对一测验。这启示我们，教育者可以基于目标导向，将机器人设置为不同的角色类型以促进学生学习态度的改善或学习效果的提升；还可以针对儿童的特征进行个性化教学。例如，当儿童对教师具有畏惧心理时，可以将机器人设置为同伴角色引导儿童学习。

---

① TANAKA F, KIMURA T. The use of robots in early education: A scenario based on ethical consideration[C]//RO-MAN 2009-The 18th IEEE International Symposium on Robot and Human Interactive Communication. IEEE, 2009: 558-560.

② HOOD D, LEMAIGNAN S, DILLENBOURG P. When children teach a robot to write: An autonomous teachable humanoid which uses simulated handwriting[C]//Proceedings of the Tenth Annual ACM/IEEE International Conference on Human-Robot Interaction. 2015: 83-90.

(二)幼儿与机器人互动的影响因素

1. 机器人外观特征的影响

对于儿童而言，机器人外观上的特征是其最先感知到的信息，这些信息深刻影响着后续儿童与机器人的互动。其中，机器人的类人特征特别能吸引儿童的注意，但并非机器人越像人就越能获得儿童的喜爱。研究发现，适当程度的类人特征能提高 7~14 岁儿童对机器人 NAO 的接受度。[1] 然而，9 岁以上的儿童可能会经历"恐怖谷"效应(Uncanny Valley)，即当机器人过于类人时，儿童可能会产生不适感。[2] 除此之外，儿童还会关注机器人的整体外观设计，如色彩、形态和性别等。7 岁儿童更喜欢边缘圆润光滑、身体紧凑敦实的机器人，且更偏爱以蓝色为主色调的机器人，这可能与蓝色所关联的积极情绪、信任感与稳定性有关。[3]

2. 机器人社会性的影响

首先，机器人不同的语音特性会影响幼儿对机器人的感知。相较人工合成特性的声音，幼儿更喜欢机器人的类人声音。其次，机器人的眼神注视会影响幼儿的行为表现。Itakura 等人发现，当机器人执行行为并达到目标时，无论机器人与另一名成人是否有眼神接触，2 岁的幼儿均会模仿机器人的行为[4]；而在机器人执行了行为但未达成目标的情况下，只有与人

① BARCO A, DE JONG C, PETER J, et al. Robot morphology and children's perception of social robots：An exploratory study［C］//Companion of the 2020 ACM/IEEE International Conference on Human-Robot Interaction. 2020：125-127.

② BRINK K A, GRAY K, WELLMAN H M. Creepiness creeps in：Uncanny valley feelings are acquired in childhood［J］. Child Development, 2019, 90(4)：1202-1214.

③ OROS M, NIKOLIĆ M, BOROVAC B, et al. Children's preference of appearance and parents' attitudes towards assistive robots［C］//2014 IEEE-RAS International Conference on Humanoid Robots. IEEE, 2014：360-365.

④ ITAKURA S, ISHIDA H, KANDA T, et al. How to build an intentional android：infants' imitation of a robot's goal-directed actions［J］. Infancy, 2008, 13(5)：519-532.

类进行眼神交流才会使得幼儿模仿机器人的行为。再次，机器人的手势被证明是有效的教学工具。与不使用手势的机器人教学相比，使用手势的机器人教学能够帮助4~5岁的幼儿更好地理解数学概念。① 最后，机器人的面部情绪表达也会对儿童产生影响。机器人对儿童进行面部表情反馈会使儿童表达出更加积极的探索热情，使儿童在与机器人的交互中体会到更多的乐趣。②

3. 机器人交互性的影响

机器人的提问与反馈影响幼儿与其互动。Xu等人发现利用虚拟形象的对话代理(可进行提问)能够促进小学生在屏幕媒体上科学知识的学习③。van Straten等人将社交机器人的反馈分为积极反馈、消极反馈、无反馈三种类型，研究结果发现，8~10岁儿童与机器人玩游戏时，机器人的积极反馈提高了儿童的游戏参与度，让儿童更专注与机器人的互动，并更长时间注视机器人。④ 还有类似的研究发现，与具有积极反馈的机器人互动时，儿童能够记住更多的新单词。⑤

---

① VALENZENO L, ALIBALI M W, KLATZKY R. Teachers' gestures facilitate students' learning: a lesson in symmetry[J]. Contemporary Educational Psychology, 2003, 28(2): 187-204.

② CAMERON D, MILLINGS A, FERNANDO S, et al. The effects of robot facial emotional expressions and gender on child-robot interaction in a field study[J]. Connection Science, 2018, 30(4): 343-361.

③ XU Y, WARSCHAUER M. Exploring young children's engagement in joint reading with a conversational agent [C]//Proceedings of the Interaction Design and Children Conference. 2020: 216-228.

④ VAN STRATEN C L, PETER J, KÜHNE R, et al. The wizard and I: how transparent teleoperation and self-description (do not) affect children's robot perceptions and child-robot relationship formation[J]. Ai & Society, 2022, 37(1): 383-399.

⑤ AHMAD M I, MUBIN O, SHAHID S, et al. Robot's adaptive emotional feedback sustains children's social engagement and promotes their vocabulary learning: a long-term child-robot interaction study[J]. Adaptive Behavior, 2019, 27(4): 243-266.

　　结语：在人工智能时代的产物中，机器人无疑是最具代表性的，它们不仅改变了我们的生活方式，还在教育领域展现出巨大的潜力。特别是幼儿与机器人的互动，更为我们提供了一个全新的视角来审视技术对下一代成长的影响。从人机互动的理论出发，幼儿与机器人之间的互动不仅仅是简单的操作与反应，还包括了情感交流和认知发展过程。这种互动通过游戏、学习等形式，激发了幼儿的好奇心和探索欲，促进了他们的认知能力和社交技能的发展。然而，幼儿与机器人互动的内容和形式也受到多种因素的影响，如：机器人的拟人化程度、社会性和交互性等。因此，关注机器人与幼儿的互动，如何设计幼儿机器人和如何引导幼儿与之互动显得尤为重要。

第二章　人工智能时代的幼儿亲社会行为

第一节　亲社会行为的概述

亲社会行为是人际互动中发生的一种积极的社会行为。Wispé(1972)首次提出了亲社会行为(prosocial behavior)的概念,特指那些与侵犯、攻击等反社会行为相对立的行为,如:同情、慈善、分享、协助、捐款、救灾和自我牺牲等。① 在这一宽泛的定义之下,学者们基于各自的研究视角对亲社会行为概念范畴提出了多种不同的观点,但总的来说,亲社会行为有着两个基本特性——利他性与社会性。

从利他性这一特性出发,许多研究者将亲社会行为广义地定义为任何有益于他人的行为。这种以结果为导向的视角认为,亲社会行为必然是对他人或者社会有益的,判断一个行为是否属于亲社会行为的标准在于它是否有意或无意地给他人带来了益处。这里就有另一个问题值得我们思考:尽管从结果上来看,亲社会行为必然是利他的,那么从动机和意图上来看是不是也是如此呢? 其实不然,亲社会行为的动机和意图并非总是纯粹的,它们可能基于多种不同的动机,包括利他主义的、利己主义的或者是

---

① WISPÉ L G. Positive forms of social behavior: an overview[J]. Journal of Social Issues, 1972, 28(3): 1-19.

混杂的、不明确的动机。① 例如，幼儿为了得到成人的表扬和奖励，主动将自己的玩具分享给同伴，这也属于亲社会行为的范畴。在此基础之上，有一种类型的亲社会行为不以获得外部奖赏或逃避外部惩罚为目的，完全基于利他的动机，即利他行为。利他行为是亲社会行为的一种亚型，可以被看作"最高级的"亲社会行为。总之，亲社会行为最重要的特性就在于使得行为的接受方获益，从而实现了利他性。

从另一个角度来说，亲社会行为的发生也促进双方建立起积极的关系，实现了社会性。亲社会行为本质上是一种发生在人与人之间的社会行为，它必然有助于人与人之间、人与社会之间友好关系的建立。如果不考虑人际间的相互作用，亲社会行为也就失去了它的意义而不复存在了。同时，亲社会行为的另一个关键特征是符合社会期望。这一点不强调在意图上或者结果上增进他人的福祉，而强调社会群体对这一行为的认可，使亲社会行为成为一种内在的规范。在这样的视角下，亲社会行为获得了更广阔的外延。除了分享、助人、合作、安慰等常见的亲社会行为以外，一些调节性行为(例如，利用幽默、谦让、赞扬调节他人情绪)、习俗性行为(例如，微笑、问好等)、公正性行为(例如，主持正义、见义勇为等)等也被纳入了亲社会行为的范畴。② 促进建立积极的社会关系、符合社会期望这两点共同体现出了亲社会行为的社会性。

基于利他性与社会性这两个基本特性，亲社会行为在本书中是指个体在与他人的社会交往中，表现出符合社会期望且对他人或对社会有益的行为。

---

① EISENBERG N, MILLER P A. The relation of empathy to prosocial and related behaviors[J]. Psychological Bulletin, 1987, 101(1): 91-119.

② 寇彧，王磊. 儿童亲社会行为及其干预研究述评[J]. 心理发展与教育，2003，(4): 86-91.

第二节　幼儿的亲社会行为

关于幼儿亲社会行为的实证研究始于 20 世纪 70 年代，关于婴儿情绪情感的研究使学者们开始探讨个体如何因他人的情绪状态而产生情绪反应，并由此引发帮助、安慰他人的这类行为。

自此以后，大量的研究表明，幼儿从很小的时候就展现出令人惊叹的亲社会性。研究发现，18 个月大的婴儿就开始能够对成年人的需求做出响应。无论是递给成人一个够不着的物品、帮他放一本书、移走一个物理障碍，还是捡起掉在地上的物品，他们都能做到。3~6 岁的幼儿同样会在各种任务中向需要帮助的成人和同伴伸出援助之手。他们不仅提供实质性的帮助，还会对遭遇困境的人表现出同情和安慰。此外，研究者们还发现，2 岁以上的幼儿会很乐意与他人分享自己的贴纸、零食和个人物品，哪怕这意味着要放弃自己的珍贵资源。随着年龄的增长，儿童会越来越愿意不计成本地平等分享，到了 8 岁，他们甚至愿意牺牲自己的利益以维护公平和正义，比如在资源分配不均时放弃自己的部分资源。

分享行为、合作行为、帮助行为和安慰行为被视作幼儿亲社会行为的主要形式。国内外关于幼儿亲社会行为的研究主要集中于不同年龄阶段的发展规律和特点、影响因素以及干预手段三个方面。

在不同年龄阶段的发展规律和特点上，研究者们并未达成一致。尽管研究者们普遍认为，随着年龄的增长，由于社会认知理解、情绪成熟等相关因素的发展，儿童的亲社会行为会逐渐增加，但有的研究却发现了不同的结论，即儿童的亲社会行为随着年龄的增长而逐渐减少。具体到不同的亲社会行为的亚型，其发展的情况又有所不同。这或许是因为儿童的亲社会行为在很大程度上会受到个体特征以及具体情境的影响，而现有的研究对其中具体的作用机制尚不明晰。

影响幼儿亲社会行为的因素大致上可以分为幼儿个体特征、接收者的特征、具体情境因素三大类。已有研究表明，观点采择能力、移情、语言能力、人格特征以及幼儿对自身名誉的关注等幼儿的个体特征是影响其亲社会行为的重要因素。接受者的需求、提供信息的准确性、道德行为以及与幼儿的关系都会影响到幼儿是否愿意对其做出亲社会行为。在具体的情境中，旁观者的特点、幼儿是否拥有自主选择权、分享者是否具有资源优势以及互惠的可能性同样会影响到幼儿亲社会行为的表现。具体而言，与无法自主选择的分享情境相比，在自主选择的分享情境下 3~4 岁幼儿的亲社会行为水平更高；当面对与自身利益无关或有利的资源分配情境时，学龄前儿童通常都会遵守分配者的意图，而当自我利益受到不平等对待时，他们不太可能听从分配者，并且更有可能违背分配者；5 岁幼儿知道接受者会进行互惠分享后，会表现出更多的分享行为。此外，不同文化背景下幼儿的亲社会行为也存在一定差异。

亲社会行为作为积极社会行为的代表，对促进儿童的人际关系、学业成绩、心理社会适应等具有重要作用。同时，3~6 岁是亲社会行为形成的敏感期，这一阶段幼儿的亲社会行为具有可变性与可塑性。因此，研究者在探索亲社会行为的产生和发展规律的基础上，也试图探讨培养幼儿亲社会行为的有效途径。现有的干预手段主要是帮助幼儿学习亲社会行为方式，预防不良行为和不适当行为的出现或恶化。移情训练、认知训练、行为训练和榜样学习都被证明是有效的干预手段，可以有效促进幼儿亲社会行为的发生。

第三节 亲社会行为的测量

纵观心理学的发展历史，研究者们一直高度关注亲社会行为，因为它涉及人们处理社会生活中自我与他人、自我与群体、自我与社会的关系，以及眼下与未来、物质与精神、个体与集体的利益等心理学核心问题。它不仅关乎个体成长与社会和谐，更是人类文明进步的基石。随着亲社会行为研究的不断发展，研究者们开发了多种量表和实验范式用以测量亲社会行为。

一、量表测量法

量表测量法较为传统，主要是通过自我报告、教师评定、家长评定、同伴报告等方式来判定个体在不同情景下的亲社会倾向。量表主要分为自评式量表和他评式量表两种。目前运用最多的自评式量表是 Carlo 和 Randall 开发的一项自评式亲社会倾向量表（Prosocial Tendencies Measure，PTM），用于测量青少年利他、顺从、情感、恐惧、公开和匿名这六个维度的亲社会行为，也对同情、观点采择、个人苦恼、社会期望、社会责任、责任归属和亲社会道德推理进行了测量。[①]

在我国，目前大部分亲社会行为研究都采用了量表测量法，有关青少年和成年人的研究普遍采用了 PTM 量表，有关儿童的研究则会采用改编的家长评价或教师评价的他评式量表，例如，家长版的儿童亲社会行为量表（Child Behavior Checklist，CBCL）。Weir 和 Duveen 也开发了一项他评式的亲社会行为量表（Prosocial Behaviour Questionnaire，PBQ），由老师和家长对

---

① CARLO G, RANDALL B A. The development of a measure of prosocial behaviors for late adolescents[J]. Journal of Youth and Adolescence, 2002, 31(1): 31-44.

5~11岁儿童的亲社会表现进行评价，测量学生的总体亲社会行为倾向。①

量表测量法在评估亲社会行为时的优势在于，操作简便快捷，能够高效收集大量样本数据；评定方式基于标准化的流程，确保了相对客观性；还便于跨越不同年龄群体进行对比分析，且能够一次性涵盖多样化的亲社会行为类型。

然而，这种方法也存在不容忽视的局限性。首先是评价者的主观影响。有研究发现个体在自我报告中的行为描述往往与其实际行为存在偏差。而采用他人评定方式时，评定结果又可能受到评价者对被评者的个人情感、关注度等非行为因素的干扰，这会进一步影响评定结果的真实性和准确性。其次，亲社会行为的复杂性使得其不仅受稳定的个人特质所驱动，还深受环境、情绪等不稳定因素的影响。② 因此，仅依赖量表测量结果难以全面评估不同情境下的亲社会行为表现。最后，量表测量法倾向于提供个体亲社会倾向的总体评价，却难以深入探究具体情境下亲社会行为的动机、性质等细微差异，导致无法对细节进行探索。

二、实验法

亲社会行为测量的第二种类型是实验法，具体是指在特定情境下对亲社会行为展开评估。实验者通过创设特定的情境，来观察被试的亲社会行为，如：帮助、捐赠、分享、志愿服务等。研究亲社会行为较为经典的实验范式主要有"囚徒困境"范式、"最后通牒博弈"范式以及"独裁者游戏"范式等。通过博弈任务的方式，让被试在自己利益以及他人利益之间做出

---

① WEIR K, DUVEEN G. Further development and validation of the prosocial behaviour questionnaire for use by teachers[J]. Journal of Child Psychology and Psychiatry, 1981, 22 (4): 357-374.

② EISENBERG-BERG N, CAMERON E, TRYON K, DODEZ R. Socialization of prosocial behavior in the preschool classroom[J]. Developmental Psychology, 1981, 17(6): 773-782.

选择，以考察被试的亲社会行为。

（一）"囚徒困境"（prisoner's dilemma）范式

1. 概念

"囚徒困境"这一博弈论的经典模型最初由 Merrill Flood 和 Melvin Dresher 于 1950 年提出，随后 Albert Tucker 以"囚犯的两难选择"重新对其进行了阐述，从而使"囚徒困境"成为一个经典的实验范式。

"囚徒困境"通过设置特定的情境来研究个体在利益冲突中的决策行为。在这个实验中，两名被试被置于一种两难境地：他们需要在不清楚对方选择的情况下，独立决定是选择合作还是背叛。博弈被分为完全信息博弈和不完全信息博弈。所谓完全信息是指所有参与者对博弈结构以及各自的收益都有清晰的认识；而不完全信息则是指，在博弈中至少有一方对博弈的结构或对方的收益缺乏了解。

在典型的"囚徒困境"测试中，两名参与者被标记为 1 和 2，实验过程如下：如果 1 和 2 都选择合作，他们将各自获得利益 a；如果 1 选择合作而 2 选择背叛，那么 1 将获得较低的利益 b，而 2 将获得更高的利益 c；反之亦然，如果 1 选择背叛而 2 选择合作，那么 1 获得利益 c，2 获得利益 b；如果双方都选择背叛，那么双方都将各自获得最低利益 d。这意味着在理论上，背叛对方是每个参与者的最优选择。然而，双方无法确保对方会合作，这导致了"囚徒困境"中的核心冲突。

2. 儿童进行"囚徒困境"测试的相关研究

Blake 设计重复"囚徒困境"测试 10 岁和 11 岁儿童的合作行为。结果发现，儿童在重复的"囚徒困境"测试中比在一次性"囚徒困境"测试中表现出了更多的合作行为。此外，女孩比男孩产生更多的合作行为，而行为问题较多的儿童合作行为较少。研究者还发现儿童会使用有条件的合作策略，但这些策略因性别和行为问题评级而异。具体而言，行为问题较少的儿童似乎遵循一种利他主义的双赢、双输原则，试图在背叛后重新建立合作。行为问题较多的儿童似乎遵循冷酷策略，在对方背叛后的一段时间内背叛。该研究证明儿童会利用直接互惠的力量来促进战略互动中的合作，且到小学后期出现了有条件合作的独特策略。

　　Prétôt 研究 6 岁至 9 岁的儿童在迭代"囚徒困境"测试中是否会优先与群体内成员合作。实验将儿童与不熟悉的同龄人和同性别同龄人配对，结果发现，儿童更有可能与组内成员合作，而不是与组外成员合作。此外，该研究也同样揭示了性别的影响，无论其同伴的群体成员身份如何，女孩都比男孩更有可能合作。进一步探索发现，性别和年龄之间存在相互作用，年龄较大的女孩对同伴的群体成员身份的敏感度低于年轻女孩，而年龄较大的男孩对同伴的群体成员身份的敏感度高于年轻男孩。[1]

　　3. 儿童进行"囚徒困境"实验的操作流程

　　准备实验材料：准备两个相同的玩具或奖品，以及两个相同的小盒子。让儿童知道这两个玩具或奖品是不同的，但无法直接比较哪个更好。

　　设定情境：告诉儿童有两个小朋友，他们被分在两个不同的房间里，不能互相交流。每个小朋友都有两个选择：分享和不分享。

　　解释规则：如果两个小朋友都选择分享，那么他们都会得到一个玩具或奖品。如果一个小朋友选择分享而另一个小朋友选择不分享，那么选择分享的小朋友会得到两个玩具或奖品，而选择不分享的小朋友什么都得不到。如果两个小朋友都选择不分享，那么他们都会得到一个小盒子(里面可能是一些小东西或者什么都没有)。

　　操作情境：让儿童扮演其中一个小朋友，并做出选择。可以通过提问或让儿童直接操作玩具来进行。同时，也要让儿童知道另一个小朋友是由

---

[1]　PRÉTÔT L, TAYLOR Q, MCAULIFFE K. Children cooperate more with in-group members than with out-group members in an iterated face-to-face Prisoner's Dilemma Game[J]. Journal of Experimental Child Psychology, 2024(241): 105858.

实验者扮演的，而实验者会根据儿童的选择做出相应的反应。

分析结果：根据儿童的选择和实验者的反应，向儿童解释什么是合作（即双方都选择分享），什么是背叛（即一方选择分享而另一方选择不分享），以及这些选择对双方的影响。依据儿童是否选择合作或者背叛，测试儿童的亲社会行为。

(二)"最后通牒博弈"(ultimatum game)范式

1. 概念

"最后通牒博弈"的字面意思是指谈判破裂前的"最后的话"，在这一博弈中，一方参与者向另一方提出一份书面提议，设定一个接受提议的时限，要求对方在规定时间内作出回应。"最后通牒博弈"涉及两名参与者，用于考察个体对不公平情境的反应，主要关注的是个体维护公平准则的心理倾向与行为。

在这一博弈中，一名参与者是方案提议者，负责提出资源分配方案；另一名参与者则作为响应者，可以接受或拒绝提议。若响应者接受提议，则按照提议分配资源；若拒绝，则双方都将空手而归。根据经济理论（即利益最大化），提议者理应尽可能多地为自己分配资源，而响应者，无论提议者分配给自己的资源是多少，他都应该接受，因为拒绝意味着一无所有。然而，Güth 等人(1982)的实验结果发现，大多数提议者并不会按照经济理论的假设分配给响应者最少的资源，而是会选择给予对方相对合理的份额。同时，面对极度不公平的提议，一些响应者也会选择拒绝，即使这意味着双方都得不到任何资源。[1] 这表明参与者在决策时并非完全基于利益最大化，而是展现出了维护公平的亲社会倾向。

---

① GÜTH W, SCHMITTBERGER R, SCHWARZE B. An experimental analysis of ultimatum bargaining[J]. Journal of Economic Behavior & Organization, 1982, 3(4): 367-388.

在"最后通牒博弈"中，我们预期利己的提议者可能会尝试预测响应者的最低接受限度，以期保留更多资源。而利他的参与者可能会更愿意分配给搭档较大的份额，甚至平分。在所有情况下，参与者都面临利己还是利他的选择，这些选择揭示了他们的内在动机和价值观。

2. 儿童在"最后通牒博弈"范式中的相关研究

"最后通牒博弈"的成人实验结果表明，提议者倾向于提出分配给响应者接近总金额50%的方案。响应者则倾向于接受分配给自己多于总金额30%的方案，拒绝低于总金额30%的方案。

儿童心理学家在将"最后通牒博弈"引入儿童实验研究时，也观察到了类似的趋势。儿童会对不公平的分配方案表现出明显的反感。Castelli等人对8~10岁的儿童进行"最后通牒博弈"，研究结果揭示了三个关键点：首先，儿童对公平的期望与大多数成年人趋同，他们愿意在游戏中分享并遵守公平规范。其次，儿童对信息的操纵非常敏感。在不同的信息条件下，他们会做出不同的分享决策。这表明他们似乎是根据他们认为对方所知道的信息来做出分享决策的。最后，儿童在所有条件下都一致地拒绝任何不公平的提议。尤其是在承认抛硬币的程序公平性与接受抛硬币的结果之间存在不一致时，尽管儿童普遍认为抛硬币是公平的，但出现不利的结果时仍然会选择拒绝，这表明对不平等的厌恶可能是一种更原始的倾向。①

以往研究发现，儿童的利他偏好在3~8岁之间以厌恶不平等的形式显著增强。在3~4岁时，大多数幼儿在分享时表现出自私，倾向于保留更多的物品给自己。而到了7~8岁，儿童则更倾向于消除资源分配中的不平等，偏向于平均分配。也有研究发现，3~5岁的幼儿很少采用慷慨的平均分享，尤其在与成年实验者分配商品时，他们往往会保留更多的物品给自

① CASTELLI I, MASSARO D, BICCHIERI C, et al. Fairness norms and theory of mind in an ultimatum game: judgments, offers, and decisions in school-aged children[J]. PLOS ONE, 2014, 9(8): e105024.

己，但这种趋势随着年龄的增长而减少。

研究者们还在经典"最后通牒博弈"的基础上开发出了强迫选择范式和开放选择范式。在强迫选择范式中，Fehr 等人让儿童在"为自己和对方提供等量的糖果"或者"选择不同不平等分配"之间做出决策，结果显示，年幼的儿童(3~5 岁)只有在成本不高的情况下才会做出有利于接受者的选择。[①] Olson 和 Spelke 在另一种开放选择范式中研究发现，即使是幼儿(3岁半和4岁)也会在可能的情况下选择公平分配资源。[②]

(三)"独裁者游戏"(dictator game)范式

1. 概念

"独裁者游戏"是一种经济学实验范式，最初由 Daniel Kahneman 提出，旨在探究人类在经济决策中的利他行为和对公平的偏好。在这一范式中，实验通常涉及两名参与者，一名"独裁者"(dictator)和一名"接受者"(receiver)。"独裁者"拥有一定数量的资源，如金钱或代币，并有权决定如何将这些资源分配给自己和接受者。而"接受者"在这一过程中没有任何选择权，只能接受分配者做出的分配决定。如果"独裁者"追求自身利益最大化，那么理论上他会将所有的资源分给自己，不给"接受者"任何份额。然而，实际研究发现，即便"独裁者"拥有完全的分配权力，人们仍然倾向于分出一部分资源给接收者，且完全平等的分配方案出现的频率也并不低。这一范式的核心目的在于观察"独裁者"在分配资源时是否会表现出利他行为，即是否愿意将部分资源分配给"接受者"，即使这样做不会给自己带来任何直接的利益。"独裁者"的决定揭示了他们在追求个人利益与维护

---

① FEHR E, BERNHARD H, ROCKENBACH B. Egalitarianism in young children[J]. Nature, 2008, 454(7208): 1079-1083.

② OLSON K R, SPELKE E S. Foundations of cooperation in young children[J]. Cognition, 2008, 108(1): 222-231.

公平之间的权衡。

2."独裁者"范式的相关研究

(1)年龄对"独裁者"游戏的影响。

以往研究采用 7 岁、9 岁、10 岁、14 岁和 18 岁的儿童参与了"独裁者"游戏。每位参与者都获得了 10 个代币(每个代币相当于 0.25 美元),并需要决定如何与另一位匿名的同学分享这些代币。研究结束时,年长的参与者将代币兑换成金钱,而年幼的参与者将代币兑换成玩具或学习用品。为确保选择的隐私性并减少取悦成年人的倾向,使用了信封来收集儿童的决策信息。结果显示,随着年龄的增长,儿童作为"独裁者"提出的分享额度也随之增加,7 岁儿童的平均分享约 0.5 个代币,9 岁儿童 1.7 个代币,18 岁儿童接近 4 个代币。此外女孩比男孩表现得更为无私。①

也有研究者在英国六所小学对 4 岁、6 岁和 9 岁的儿童进行了"独裁者"游戏,使用贴纸作为分享资源。结果发现,即使是 4 岁的幼儿也会向匿名同学分享至少 1 张贴纸。平均而言,4 岁幼儿分享了 20% 至 30% 的贴纸。随着年龄的增长,年龄较大的儿童会表现出更多的利他行为,9 岁的儿童比 4 岁的幼儿更加慷慨地分享自己的贴纸,而且完全不分享的可能性更小。②

(2)家庭对儿童独裁者游戏的影响。

在探讨家庭对儿童"独裁者"游戏行为的影响时,以往研究发现,与来自社会经济地位较高家庭的儿童相比,社会经济地位较低的儿童并没有随着年龄的增长而分享出更多的贴纸。此外,9 岁之前社会经济地位较高的儿童比社会经济地位较低的儿童分享的贴纸明显更多。也有研究调查了中

---

① HARBAUGH W T, KRAUSE K, LIDAY S J. Bargaining by children[R]. Eugene: University of Oregon Economics Working Paper, 2003, No. 2002-4.

② BENENSON J F, PASCOE J, RADMORE N. Children's altruistic behavior in the dictator game[J]. Evolution and Human Behavior, 2007, 28(3): 168-175.

国 8 个农村地区 469 名 4 岁幼儿在"独裁者"游戏中的分享行为，发现了不同的结果。发现幼儿对同龄人的利他行为从学龄前开始就受到家庭特征的影响。幼儿的利他倾向随着家庭收入的增加而下降，低收入家庭的幼儿往往比高收入家庭的幼儿更利他。

第四节　面向社交机器人的幼儿亲社会行为

21世纪以来，以社交机器人为代表的人工智能产品全面进入幼儿的生活，它们就像同伴或家庭成员一样在学习和生活中陪伴幼儿。这些社交机器人可以作为教育工具，帮助幼儿学习社交技能和情感管理；也可以作为陪伴伙伴，提供娱乐和情感支持；还可以用于治疗领域，帮助幼儿克服社交障碍和焦虑。

越来越多的研究者开始关注到社交机器人对幼儿亲社会行为的影响。目前，社交机器人引发幼儿亲社会行为的有效性得到了证明，并且涵盖分享、助人等多种亲社会行为的类型。这一领域的研究可以分为两个方面，一是社交机器人作为参与者，在具体的情境中诱发幼儿的亲社会行为；二是通过观看社交机器人模拟亲社会行为，幼儿进行模仿学习。

总的来说，社交机器人与幼儿亲社会行为的研究为我们提供了深入理解人工智能如何促进幼儿亲社会行为发展的重要见解，同时也为社交机器人在儿童教育领域的应用提供了新的思路和可能性。在这一节中，我们将对这些研究做具体的介绍。

一、理论解释

(一)计算机作为社会行动者的理论

计算机作为社会行动者(computers as social agent，CASA)范式是描述人类对媒体技术的社会反应的理论框架，其基本观点是：人们会将人际交往中的社会规则、期望、信念和行为迁移到与媒体技术的互动中。① 自20世

---

① NASS C, STEUER J, TAUBER E R. Computers are social actors[C]//Proceedings of the SIGCHI Conference on Human Factors in Computing Systems, April 24-28, 1994, Boston, Massachusetts, United States of America. New York: ACM, 1994: 72-78.

纪 90 年代初以来，研究人员一直在使用这一理论框架来解释用户与计算机、电视和网络之间的互动。如今，随着人工智能技术的飞速发展，CASA 理论也被广泛应用于解释人类与机器人之间的互动。

在 20 世纪 90 年代，CASA 理论的创始人 Nass 等人进行了一系列实证研究，探讨人们如何将社会规则应用于与计算机的互动。他们采用社会学和心理学中经典的实验范式，将其中的关键人物替换为计算机，并赋予计算机人的特征，以此测试原本社会学和心理学中的实验结果是否可以复制。结果发现，包括礼貌规范、"自我"与"他者"概念、性别刻板印象在内的社会规范，均被用于人与计算机的互动之中。基于对 CASA 理论的一系列实验研究，Reeves 和 Nass 在 2002 年出版的《媒体等式》(The Media Equation)一书中阐述了他们的发现：用户对媒体技术的反应从根本上来说是社会性的和自然的。① 如何解释这种对机器的社会行为呢？ Nass 和 Moon(2000)将对机器的社会行为描述为无意识的，他们提出机器的某些线索会激活人类的社会脚本(即，对特定社会环境中事件顺序的期望)和自动社会行为。如果人类继续搜寻机器所具有的更多线索，可能就会发现把人与人之间的社会行为应用其中是不合适或不适用的。但脚本一旦被激活，人们就会停止搜索更多的线索。因此，尽管存在明显的非社会线索，自动社会反应仍会发生。简而言之，CASA 理论认为对机器的社会反应是自动的和暗示性的。总的来说，当媒体技术呈现出类似人类的属性，如交互性和人类的声音时，用户会将这些技术视为社会行动者，并将人与人之间的交流脚本转移到人与技术的交互之中，且这一过程往往是无意识的。

在 Nass 等人(1994)进行的 CASA 理论系列研究中，有一项聚焦于互

---

① REEVES B, NASS C. The media equation: how people treat computers, television, and new media like real people and places[M]. Stanford, CA: CSLI Publications, 2002.

惠原则。① 参与者首先使用计算机进行网络搜索并获得了有用的结果，随后，一半参与者被转移到另一台计算机上，接着，参与者完成了第二项任务，他们可以自愿花费任意时间帮助计算机完成任务。结果发现，那些坐在原来的"有用的"计算机前的参与者比那些在第二项任务之前被转移到另一台计算机前的参与者花了更多的时间"帮助"他们的电脑。换言之，人们会倾向于回报机器的帮助。研究者们将 CASA 理论应用于人机互动领域的研究中，发现人们会对机器人做出亲社会行为。机器人作为一种人造物品，或多或少地会呈现出类似人类的属性，这种属性作为特定的社会线索，会引发人类自动的社会反应，从而使得人们用对待其他人的方式对待机器人，将人际互动的社会规则应用于与机器人的互动之中，从而容易对机器人采取亲社会行为。

(二) 拟人化理论

近年来，拟人化(anthropomorphism)逐渐作为一种可操纵和测量的心理学概念受到学者们的广泛关注。在心理学领域，拟人化是指将人类特征、动机、意向或心理状态赋予非人对象的一种认知过程或倾向。② 拟人化的对象不仅限于动物和自然现象，也扩展到了机器等非人领域，显示出人类基本上可以将任何事物拟人化的能力。

在人机交互领域，拟人化在其中扮演着重要角色，因为人类的特征经常被用作设计机器人的指导原则，并被视为提高机器人可用性的关键。人工智能的本质在于对人类思维过程的模拟，而人机交互的研究重点则是探讨在将

---

① NASS C, STEUER J, TAUBER E R. Computers are social actors[C]//Proceedings of the SIGCHI Conference on Human Factors in Computing Systems, April 24-28, 1994, Boston, Massachusetts, United States of America. New York: ACM, 1994: 72-78.

② EPLEY N, WAYTZ A, CACIOPPO J T. On seeing human: a three-factor theory of anthropomorphism. [J]. Psychological Review, 2007, 114(4): 864-886.

人类的思维和外观赋予机器的拟人化过程中，人与机器之间的关系问题。

对社交机器人而言，这一点尤为显著。社交机器人被设计和制造得像人一样，目的就是引发有意义的社会互动和社会关系。作为一种人造实体，社交机器人在设计和制造的时候就会被赋予一定程度的类人特征，这些特征线索很有可能会引发人们对社交机器人的拟人化，促使人们用理解人的方式理解社交机器人，并用对待人的方式对待机器人。因此，人们更有可能将人与人之间的亲社会行为拓展到社交机器人。社交机器人所具有的类人特征越多，越有可能如此。这与 CASA 理论的观点相呼应，即人们可能会对表现出类人属性的技术产品产生亲社会行为。

二、影响因素

近年来，学术界对社交机器人与亲社会行为的联系投以了越来越多的关注。具体来说，研究者们正在探索社交机器人能否引发人们的亲社会行为，这类研究通常涉及社交机器人的外观、情感适应、意识和能动性等特征对人类亲社会行为的影响。尽管如此，在这类研究中以幼儿为研究对象的并不多。鉴于现代幼儿在日常生活中与社交机器人的接触日益增多，且3~6 岁正是亲社会行为发展的关键时期，探究具有何种特征的社交机器人可以更有效地触发幼儿的亲社会行为显得尤为重要。接下来的部分，我们将聚焦这一议题介绍相关的研究。

（一）亲社会性

Peter 等人（2021）探究了模仿亲社会行为（分享贴纸）的社交机器人是否会对8~10 岁儿童的亲社会行为产生影响。[1] 在实验中，儿童和社交机

---

[1] PETER J, KÜHNE R, BARCO A. Can social robots affect children's prosocial behavior? An experimental study on prosocial robot models[J]. Computers in Human Behavior, 2021(120): 106712.

器人交替与计算机进行四轮游戏，每轮游戏中机器人先与计算机玩，随后由儿童与机器人玩。每轮游戏获胜可得到 5 张贴纸，失败则得到 1 张贴纸。儿童可以决定保留贴纸或分享贴纸。机器人同样也会选择分享多少张贴纸，贴纸数会在电脑上显示出来，以便儿童可以观察到。

参与实验的儿童随机被分配到两组，一组会看到强亲社会性的机器人，这组机器人每次输的时候会分享它得到的 1 张贴纸，每次赢的时候会分享它得到的 5 张贴纸中的 4 张。另一组会看到弱亲社会性机器人，这组机器人输的时候不分享贴纸，赢的时候会分享 1 张贴纸。结果发现，看到强亲社会性机器人的儿童比看到弱亲社会性机器人的儿童分享出了更多的贴纸。这表明社会学习理论同样可以拓展到儿童与机器人互动的领域，强亲社会性的社交机器人比弱亲社会性的机器人引发了儿童更多的分享。社交机器人作为榜样，其自身具有何种程度的亲社会性也可以影响到儿童的亲社会行为。

(二) 自主移动能力

Kocher 等人(2020)探究了自主移动能力对 3 ~ 7 岁儿童帮助行为的影响。① 这项研究采用了非人型的机器人，儿童与其合作建造一个围栏以阻止羊逃跑。这是一个模拟真实情境的任务，任务中，儿童需要关注自己的目标，而不仅仅是关注机器人，帮助机器人也不是成功完成自己目标的必要条件。研究结果发现，许多儿童会选择帮助机器人，即使这个机器人不具备类人的外貌特征，帮助机器人对他们完成自己的任务也并不重要。这表明儿童有着很强的亲社会倾向。并且，除了外貌以外，自主移动能力也是一种重要的类人特征。这或许是因为自主移动能力背后展现出了意图、

---

① KOCHER D, KUSHNIR T, GREEN K E. Better together: Young children's tendencies to help a non-humanoid robot collaborator [C]//Proceedings of the Interaction Design and Children Conference. London United Kingdom: ACM, 2020: 243-249.

计划等人类所独有的心理能力。当机器人展现出自主移动能力时,儿童可能将其拟人化,用对待人的方式来对待它。

(三)交替注视与求助信号

Martin 等人(2020)让 40 名 3 岁的幼儿观看了一个机器人掉落木棍的过程,木棍掉落到了机器人能够伸手够到的范围之外。[①] 当机器人明显是无意间掉落木棍,且表现出想要够到的意愿时,幼儿将木棍归还机器人的频率更高,速度更快。这说明幼儿愿意帮助一个需要帮助的机器人。然而,在这项研究中,虽然研究者所使用的机器人拥有注视、抓握动作、发出求助信号和自主运动等多项人类行为特征,但尚不清楚在这诸多的特征中,哪些是触发幼儿帮助行为的关键要素。

在此项研究的基础之上,我们探讨了交替注视与求助信号对 4 岁幼儿帮助行为的影响。我们设置了闯关游戏的实验情境,闯关游戏开始 30 秒后机器人会遇到障碍物,此时,有交替注视的机器人会以 5 秒为间隔看向幼儿、障碍物然后再看向幼儿。有求助信号的机器人会依次发出"哎呀,我被挡住了"和"谁能帮帮我"两个求助信号。而没有交替注视和求助信号的机器人会在障碍物前不断移动。我们的研究结果表明,机器人的交替注视与求助信号会对 4 岁幼儿的帮助行为产生显著影响。根据 CASA 理论,当社交机器人具备了类人特征时,人们会将人与人之间的社会规则应用于社交机器人身上。在与人类的互动中,4 岁幼儿更多的是被动助人,并且只有当受助者明确向幼儿发出求助信号时,才会提供帮助。当类人机器人作为受助者发出明确的求助信号时,便能够像人类一样触发幼儿的帮助行为。同时,明确的求助信号能够使幼儿完全了解机器人的意图,在这样的前提下,帮助行为更有可能发生。

---

① MARTIN D U, MACINTYRE M I, PERRY C, et al. Young children's indiscriminate helping behavior toward a humanoid robot[J]. Frontiers in Psychology, 2020, 11: 239.

（四）拟人化程度

在以成人为对象的研究中，社交机器人外观的拟人化程度会影响到人们的亲社会行为，人们往往会给予高拟人化外观的机器人更多的同情、帮助和分享。类人的外观使得人们将心理特征归因于机器人，从而赋予机器人一定的道德地位，按照对待人的方式对待机器人。

然而，以儿童为对象的研究得到了不同的结论。Nijssen 等人（2021）调查了外观和情感状态这两方面的拟人化程度对 4~9 岁儿童分享行为的影响。① 外观高拟人化的机器人是人形的，外观低拟人化的机器人是机器形的。情感状态高拟人化的机器人被介绍为有开心、难过等感情，而情感状态低拟人化的机器人则被介绍为没有这样的感情。研究测量了儿童对这些不同拟人化程度机器人的分享行为和分享感受。结果表明，拟人化外观对分享行为没有影响，但两个年龄组（4~5 岁、8~9 岁）的儿童都与具有高拟人化情感状态的机器人分享了更多的资源，并且对与机器人分享表达了更多积极的情感判断。探索性中介分析进一步揭示，儿童对分享的积极感受介导了机器人的情感状态对他们分享行为的影响。总而言之，当儿童相信机器人有感情时，他们会表现出更多的亲社会行为。

（五）熟悉感

大量研究表明，儿童与分享对象之间的关系是影响其分享行为的重要因素，比起陌生人和熟悉但不是朋友的人，儿童与朋友分享得更多；比起同一群组外的人，儿童与和自己属于同一群组内的人分享得更多。我们的研究发现，这一结论同样适用于幼儿对社交机器人的分享行为。我们招募

---

① NIJSSEN S R R, MÜLLER B C N, BOSSE T, et al. You, robot? The role of anthropomorphic emotion attributions in childre's sharing with a robot[J]. International Journal of Child-Computer Interaction, 2021, 30: 100319.

了 76 名 6 岁的幼儿,他们被随机分为两组,一组幼儿与社交机器人进行 10 分钟的互动,另一组幼儿则不做任何互动。结果发现,仅仅是 10 分钟的互动就足以带来熟悉感上的差别,比起陌生的机器人,幼儿与熟悉的机器人分享了更多的贴纸。更令人惊讶的是,我们对这 76 名幼儿进行了泛灵论的测试,结果发现他们清楚地知道机器人是没有生命的人造物品。即便如此,6 岁幼儿仍能通过互动对其产生熟悉感,进而影响到自己的分享行为。这可能是因为幼儿将机器人视为可以与之建立社会联系的特殊存在。

结语:亲社会行为对幼儿的社会适应和人际关系发展具有重要意义。随着机器人技术的不断发展,机器人已经成为幼儿生活中的重要伙伴,幼儿在与机器人的互动中也能发现幼儿的亲社会行为。本章节总结了亲社会行为的概念、幼儿的亲社会行为以及相关行为测试的经典范式,例如,通过"囚徒困境博弈""最后通牒博弈"等实验方法测试个人的亲社会行为。这些实验为我们提供了观察和评估幼儿亲社会行为的有力工具,也将有助于我们后续研究和了解机器人对幼儿亲社会行为的影响。在第四节中我们也归纳与总结了社交机器人与幼儿亲社会行为之间的理论解释和影响因素,这也为我们提供了一个后续的研究视角,去思考如何考虑和利用社交机器人技术触发幼儿的亲社会行为。

第二部分　机器人与幼儿亲社会
行为的实证研究

第三章　机器人与幼儿的分享行为

第一节　机器人与幼儿分享行为的研究问题

一、幼儿与机器人互动中的熟悉感对幼儿分享行为的影响

幼儿与分享对象之间的关系是影响幼儿分享行为的关键因素之一，他们会更倾向于与自己的朋友和与自己属于同一群体内的人分享。有研究者指出，这是因为朋友的关系和共同的群体身份会为幼儿和分享对象之间带来一种熟悉感[1]，比起不熟悉的人，幼儿更愿意与熟悉的人进行分享。

熟悉感同样也是幼儿与机器人互动的相关研究中经常被考虑的重要因素。已有研究证明，熟悉感可以通过幼儿与机器人的互动建立起来。Birks 等人（2016）使用 10 分钟的互动练习课程成功建立起幼儿与机器人之间的熟悉感。[2] Abubshait 等人（2021）则采用预先编程的两个互动游戏来使幼儿

---

① DUNHAM Y, BARON A S, CAREY S. Consequences of "minimal" group affiliations in children[J]. Child Development, 2011, 82(3): 793-811.

② BIRKS M, BODAK M, BARLAS J, et al. Robotic seals as therapeutic tools in an aged care facility: A qualitative study[J/OL]. Journal of Aging Research, 2016: 1-7.

与机器人变得熟悉。① 还有研究采用对儿童与机器人的关系有着积极影响的社交活动，包括笑话、故事和舞蹈等，来建立熟悉感。②

那么，幼儿面对具有不同程度熟悉感的分享对象时表现出来的分享行为上的差异，在与机器人分享时是否同样存在呢？为探索这一问题，我们根据是否与机器人进行互动将幼儿分为熟悉组与陌生组。实验者首先对幼儿进行泛灵论测试，考察儿童对机器人的看法。接下来熟悉组幼儿与机器人进行 10 分钟的互动；而陌生组的幼儿则不与机器人进行任何互动。最后，采用"独裁者"游戏的范式来测量幼儿的分享行为。我们推测，当机器人作为分享对象时，比起不熟悉的机器人，幼儿会与熟悉的机器人分享更多的贴纸。

二、社交机器人对 3~5 岁幼儿分享行为的影响

社交机器人作为社会代理，也和人类一样对幼儿的亲社会行为具有重要影响。例如，Pang 和 Li(2024)研究发现，当分享行为的接受者是社交机器人时，5 岁幼儿会给先前表现出积极分享意愿而不是消极分享意愿的机器人分享更多的贴纸。③ Peter 等人(2021)发现，观察强亲社会性社交机器人行为的儿童后续的分享贴纸数量显著多于观察弱亲社会性社交机器人的儿童。④

① ABUBSHAIT A, BEATTY P J, MCDONALD C G, et al. A win-win situation: does familiarity with a social robot modulate feedback monitoring and learning? [J/OL]. Cognitive, Affective, & Behavioral Neuroscience, 2021, 21(4): 763-775.

② WARREN Z E, ZHENG Z, SWANSON A R, et al. Can robotic interaction improve joint attention skills? [J/OL]. Journal of Autism and Developmental Disorders, 2015, 45(11): 3726-3734.

③ PANG Y, LI H. When the recipient is a social robot: The impact of negative behavioral valence on 5-year-old children's sharing [J]. International Journal of Human-Computer Interaction, 2024: 1-10.

④ PETER J, KÜHNE R, BARCO A. Can social robots affect children's prosocial behavior? An experimental study on prosocial robot models[J]. Computers in Human Behavior, 2021(120): 106712.

心理能动性是指能够思考、决策、知识储备和互动反应的能力。已有研究发现机器人的心理能动性会影响儿童的态度和行为。Chernyak 和 Gary（2019）发现与受控制的机器人相比，5~7 岁儿童认为自主机器人具有更多的情感状态、身体感知和生理感知，并且认为其行为需要符合道德规范。探讨心理能动性有利于准确理解为什么机器人会影响儿童的行为。①

然而，以往研究并没有探讨人类观察者和不同心理能动性的机器人观察者是否会让儿童产生不同的亲社会行为，以及儿童对不同心理能动性机器人的泛灵论倾向。我们计划在不同观察者条件下对 3 岁和 5 岁幼儿的亲社会行为进行探索，了解不同的观察者（人类、社交机器人、无）是否会对 3 岁和 5 岁幼儿的分享行为产生影响，并进一步测试不同心理能动性的机器人是否会对幼儿的亲社会行为产生影响。

三、对机器人模型的表扬影响幼儿的分享行为

班杜拉提出社会学习理论，认为人是通过观察和模仿榜样的方式来学习，这一倾向在儿童期更为明显。他提出了观察学习的概念，即通过观察他人的行为从而掌握运动技能、习得态度和其他行为。已有研究发现社会学习理论适用于幼儿向机器人学习亲社会行为。②

社会学习理论认为儿童也会从行为者的行为结果中进行学习，当儿童观察到他人的行为受到奖励时，更倾向于自己表现出同样行为，这被称作替代强化。替代强化能够影响幼儿分享行为，当实验者对模型的慷慨行为进行表扬时，幼儿分享行为增加。表扬通常被认为是可以增加被表扬行为

---

① CHERNYAK N, GARY H E. Children's cognitive and behavioral reactions to an autonomous versus controlled social robot dog[J]. Early Education and Development, 2019, 30（8）: 1175-1189.

② PETER J, KÜHNE R, BARCO A. Can social robots affect children's prosocial behavior? An experimental study on prosocial robot models[J]. Computers in Human Behavior, 2021（120）: 106712.

的口头强化，指一个人对另一个人的产品、表现和属性的积极评价，表扬可以分为一般性表扬和描述性表扬。描述性表扬也被称为特定行为表扬，它明确指出被表扬的行为(例如，"把玩具分享给你的兄弟，做得好!")，而一般性表扬则是一种不指出行为的认可表述(例如，"做得好!")。

我们探讨替代强化是否同样适用于幼儿向机器人学习亲社会行为，即对于高亲社会行为机器人模型的表扬是否对幼儿的分享行为具有促进作用。我们假设，听到机器人模型被表扬组的幼儿会比没有听到机器人模型被表扬组的幼儿分享更多的贴纸。

四、社交机器人的行为效价对 5 岁幼儿分享行为的影响

接受对象的特征或行为是影响儿童分享行为的重要因素之一。一方面，学前儿童已经形成了互惠的想法，在与谁分享方面变得具有选择性。另一方面，人类会对交互行为包含的特征信息保持敏感，尤其是消极信息(例如，威胁之类的外部刺激)。通过获取对方信息来规避交往中的风险，这具有生存层面的意义。

"效价"是指人在特定情境下对对象产生的某种主观情绪体验。本研究关注接受对象的"行为效价"，即对方的行为是积极的好行为，还是消极的坏行为对幼儿分享行为的影响。研究证实，8 个月大的婴儿已经可以有区别地对待亲社会和反社会的人[1]；3~5 岁的幼儿更喜欢与平时表现出分享、合作等亲社会行为的人交往，并愿意对展现出亲社会行为与遵守道德规范者分享更多的资源[2]；4 岁半的幼儿倾向于给亲社会者而非反社会者分享

---

① HAMLIN J K, WYNN K, BLOOM P, et al. How infants and toddlers react to antisocial others[J]. Proceedings of the National Academy of Sciences, 2011, 108(50): 19931-19936.

② BAUMARD N, MASCARO O, CHEVALLIER C. Preschoolers are able to take merit into account when distributing goods[J]. Developmental Psychology, 2012, 48(2): 492-498.

更多的资源①，5 岁幼儿已经具备根据接受对象行为的好坏来决定自己分享行为的能力。虽然有大量研究考察并证实儿童做出分享行为前会优先考虑分享对象的行为效价，但以往研究关注的分享对象大多集中于人类身上，较少探讨社交机器人。

　　幼儿在分享前是否也能判断非人类实体的行为效价，成为有待探究的问题。当非人类实体作为互动对象时，4 岁半的幼儿能够对展现不同行为的木偶作出道德评价，给予提供帮助行为而非阻碍行为的木偶更多的资源。② 以上研究结果说明，幼儿在面对非人类实体时，也能够先关注其行为效价，再向亲社会而非反社会的实体分享更多资源。基于此，我们采用"独裁者"游戏的研究范式探讨社交机器人的行为效价（积极组、消极组、控制组）是否会对 5 岁幼儿分享行为产生不同影响。

　　① KENWARD B, DAHL M. Preschoolers distribute scarce resources according to the moral valence of recipients' previous actions[J]. Developmental Psychology, 2011, 47(4): 1054.

　　② KENWARD B, DAHL M. Preschoolers distribute scarce resources according to the moral valence of recipients' previous actions[J]. Developmental Psychology, 2011, 47(4): 1054.

第二节　机器人与幼儿分享行为的研究结果

一、幼儿与机器人互动中的熟悉感对幼儿分享行为的影响

除了测试社交机器人的熟悉感对幼儿分享行为的影响，我们也对实验被试幼儿进行了泛灵论测试。使用泛灵论测试作为辅助测试的原因是：我们想探讨，幼儿在明确知道机器人是没有生命的物体的情况下，是否依然有可能因为和机器人互动产生了熟悉感而可以和机器人建立有意义的社会关系，把机器人当作"自己人"，进而愿意和熟悉的机器人分享更多的贴纸。如果幼儿对待机器人存在泛灵论的问题，把机器人视为有生命的个体，是否会与对人类的分享行为具有差异。

在心理学和人机交互领域的相关研究中，提供一定的时间供儿童与机器人互动已被证明是提高这两个主体之间熟悉感的有效方法。不少于 10 分钟的互动可以有效建立起幼儿与机器人之间的熟悉感，机器人的语言和非语言交流也可以增加儿童对机器人的熟悉感。因此，我们采用是否与机器人进行 10 分钟的互动来操纵幼儿对机器人的熟悉感这一变量。在互动过程中，机器人展示出语言和非语言交流。

研究测试了儿童对社交机器人的泛灵论倾向以及对社交机器人的分享行为两个部分，研究采用卡尔(Carle)机器人作为实验材料。泛灵论测试的前两个问题是用来检查儿童是否犯了泛灵论的错误，所有的儿童都对这两个问题给予了否定回答。这表明，6 岁的幼儿不会对 Carle 机器人犯泛灵论的错误。其余八道题目是为了检验儿童是否表现出主体泛灵论，我们计算了这八道题的总分。单样本 t 检验①的结果显示，被试总分的均值显著低

---

① 单样本 t 检验是一种统计检验方法，主要用于确定一个样本的均值与一个已知或假设的总体均值是否存在显著差异。

于随机水平($t=-18.02$[①], $p<0.001$[②])。这表明, 6 岁的幼儿也不会对 Carle 机器人表现出主体泛灵论, 他们知道 Carle 机器人是无生命的。

在这样的前提下, 我们考察了当机器人作为被分享者时, 幼儿与机器人之间的熟悉感对其分享行为的影响。具体来说, 我们比较了熟悉组和陌生组幼儿分享给机器人的贴纸数量。独立样本 t 检验[③]的结果表明, 两组幼儿的分享行为存在显著差异($p<0.01$)。这一结果支持了我们的假设, 即当机器人作为被分享者时, 比起陌生的机器人, 6 岁的幼儿会与熟悉的机器人分享更多的贴纸。

二、社交机器人对 3~5 岁幼儿分享行为的影响

鉴于幼儿在泛灵论上表现出来的年龄差异, 我们选择 3 岁和 5 岁幼儿作为研究对象。以往研究发现, 3 岁幼儿会出现泛灵论错误, 他们视机器人为生物, 不受其外表特征、自主性和友好表达能力的影响。相较年长的幼儿, 3 岁的幼儿认为机器人拥有更多的生物学特性, 将心理特性归因于机器人, 并认为人形机器人是有思想的代理。随着年龄的增长, 泛灵论倾向逐渐减少。[④] 5 岁幼儿较少出现泛灵论错误, 他们似乎明白机器人是无生命体, 只是一个机器人, 在与机器人互动前后都不认为机器人

---

① t 值表示样本均值与理论值之间的差异程度, 经过标准化后的结果。它的绝对值越大, 说明样本均值与理论值的偏离程度越强; 正负号(+/−)表示偏离方向(高于或低于理论值)。

② p 值表示在原假设(H_0, 即各组均值无差异)成立时, 观察到当前 t 值或更极端的概率。当 $p<0.05$, 通常认为组间差异显著, 拒绝原假设; 当 $p\geqslant0.05$, 无足够证据拒绝原假设, 组间差异不显著。

③ 独立样本 t 检验是一种常用于比较两组数据之间是否存在显著差异的统计方法, 要求被比较的两个样本彼此独立, 且每个样本的数据都应该来自正态分布的总体, 两组样本的方差相等, 且变量为连续变量。

④ PIAGET J. The child's conception of the world[M]. London: Routledge and Kegan Paul, 1929.

具有生命。① 因此，我们选取 3 岁和 5 岁儿童作为被试，推测不同年龄幼儿的泛灵论倾向不同，在社交机器人面前的分享行为可能也会存在差异。本实验选择了悟空机器人。悟空机器人全身共有 14 个自由度，可以灵活展示舞蹈等动作，眼部配有 1.22 英寸液晶屏显示表情动画，同时具有智能语音交互功能。图 3-1 为悟空机器人。

图 3-1　悟空机器人

我们采用"独裁者"游戏作为亲社会分享任务的测试工具，同时使用能够灵活展示舞蹈等动作、展示表情、具有智能语音交互功能的悟空机器人作为机器人观察者。在不同年龄幼儿与机器人进行充分互动游戏后，测试幼儿的泛灵论倾向，并根据幼儿所处的不同观察者条件开展实验，探究幼儿在不同观察者面前分享贴纸数量的差异。

比较不同年龄幼儿在不同观察者条件下分享贴纸的数量，结果发现，年龄的主效应显著($p<0.05$)，5 岁幼儿分享贴纸数量显著多于 3 岁幼儿；

---

① OKANDA M, TANIGUCHI K, WANG Y, et al. Preschoolers' and adults' animism tendencies toward a humanoid robot[J]. Computers in Human Behavior, 2021(118): 10668.

观察者的主效应显著，人类观察者组的幼儿分享贴纸数量多于无观察者组（$p<0.05$），机器人观察者组的幼儿和无观察者组无显著差异（$p=0.10$），人类观察者组和机器人观察者组无显著差异（$p=0.999$）。这说明 3 岁和 5 岁的幼儿会在人类观察者面前做出更多的亲社会行为。年龄和观察者的交互作用显著，在人类观察者组（$p=0.164$）和机器人观察者组（$p=0.410$）中，3 岁幼儿和 5 岁幼儿分享贴纸数量无显著差异；在无观察者组中，5 岁幼儿分享贴纸数量显著多于 3 岁幼儿（$p<0.005$）。儿童分享贴纸数量见表 3-1。

表 3-1 儿童在不同观察者条件下分享贴纸的数量

年龄	人类观察者		机器人观察者		无观察者	
	M①	SD②	M	SD	M	SD
3 岁	3.11	2.61	3.59	2.19	1.59	2.06
5 岁	3.93	1.59	3.11	2.33	3.30	1.98

此外，我们也调查了 3 岁幼儿在不同心理能动性机器人面前的分享行为，结果发现，有心理能动性的机器人组的 3 岁幼儿分享贴纸数量多于无心理能动性的机器人组（$p<0.05$）的 3 岁幼儿，有心理能动性的机器人组的 3 岁幼儿分享贴纸数量多于控制组（$p=0.001$）的 3 岁幼儿，无心理能动性的机器人组和控制组无显著差异（$p=0.050$）。因此，可以得出：社交机器人的心理能动性会影响幼儿的分享行为。

———————

① 统计分析中，M（Mean，均值）是数据的总和除以样本量，反映变量的平均水平。

② SD（Standard Deviation，标准差）是数据点与均值的平均偏离程度，反映数据的离散程度，SD 越大，数据分布越分散；SD 越小，数据越集中。

3岁和5岁幼儿的泛灵论测试结果说明，3岁幼儿比5岁幼儿更容易出现泛灵论错误。在生物、感知和生命特性上，3岁幼儿泛灵论分数显著高于5岁幼儿；在人造特性上，5岁幼儿泛灵论分数显著高于3岁幼儿。相较3岁幼儿，5岁幼儿的泛灵论倾向更弱，5岁幼儿能够更准确地认识到机器人不具备生物、感知和生命特性，且更认为机器人具有人造属性。儿童的泛灵论测试结果见表3-2。此外，我们分析了3岁幼儿对不同心理能动性的社交机器人泛灵论测试结果，发现3岁幼儿对不同心理能动性机器人的泛灵论的生物特性、感知特性、人造特性不存在显著差异。但是相较于无心理能动性的机器人，3岁幼儿认为有心理能动性的机器人具备更高的心理特性和生命特性。

表3-2　3岁和5岁儿童泛灵论测试结果

年龄	生物		心理		感知		生命		人造	
	M	SD	M	SD	M	SD	M	SD	M	SD
3岁	0.70	0.91	1.15	0.91	1.59	0.70	0.73	0.55	0.62	0.70
5岁	0.15	0.37	1.22	0.87	1.08	0.70	0.54	0.65	1.52	0.94

三、对机器人模型的表扬会影响幼儿的分享行为

实验选取5岁幼儿为对象，设置了一个扔骰子的游戏情景，悟空机器人的形象和游戏借助笔记本电脑呈现，固定游戏结果、奖励贴纸个数、机器人分享贴纸个数，记录每个幼儿的分享贴纸个数。[①]。独立样本 t 检验的

① JIA Q, LEE J, PANG Y. Praise for the robot model affects children's sharing behavior[C]//International Conference on Human-Computer Interaction, July 23-28, 2023, Copenhagen, Denmark. Cham：Springer Nature Switzerland, 2023：327-335.

结果表明两组幼儿分享的贴纸数量之间有显著差异($p<0.05$)，实验假设成立。听到实验者表扬高亲社会机器人模型组的幼儿平均分享贴纸 4.76 个（$SD=1.28$），没有听到实验者表扬高亲社会机器人模型组的幼儿平均分享贴纸 3.45 个（$SD=1.68$），听到表扬组幼儿分享的平均贴纸数量多于没有听到表扬组的幼儿。

在实验最后我们加入了一个访谈环节，通过对"你为什么喜欢/不喜欢这个机器人?"这一问题的答案文本信息的梳理，共得出了 58 条有效信息。幼儿表达喜欢机器人最主要的原因是机器人的分享行为(23 条)，其次是游戏本身的有趣(15 条)，且机器人外表与机器人的智能(会说话等)也是幼儿喜欢悟空机器人的原因(12 条)，还有 6 位幼儿对这一问题回答"不知道"，2 位幼儿表示自己并不喜欢机器人，因为觉得机器人声音难听、机器人会说话很奇怪。通过对幼儿分享贴纸的原因的梳理，共得出 55 条有效信息，幼儿表达他们分享贴纸最主要的原因是出于对没有贴纸的小朋友的同情和帮助(20 条)，其次是他们想分享这些贴纸给他们的好朋友(15 条)，来自父母的要求和成为好孩子的要求也是幼儿选择分享的原因(5 条)，另外有 13 位幼儿的分享原因不明确。

四、社交机器人的行为效价对 5 岁幼儿分享行为的影响

我们首先对幼儿的泛灵论倾向进行了访谈，发现少数(6.92%)的 5 岁幼儿将生理属性归因于社交机器人，并且超过半数(62.26%)的幼儿可以认识到社交机器人是人造的物体;绝大部分的幼儿仍会将心理(81.13%)和感知(79.25%)属性归因到社交机器人身上;54.72%的幼儿会认为社交机器人具有生命属性。① 详见表 3-3。

① PANG Y, LI H. When the recipient is a social robot: the impact of negative behavioral valence on 5-year-old children's sharing [J]. International Journal of Human-Computer Interaction, 2024: 1-10.

表 3-3 儿童对机器人的泛灵论倾向

属性	数量(个)	比例(%)
生理	11	6.92
心理	129	81.13
感知	126	79.25
生命	87	54.72
人造	99	62.26

其次，将社交机器人的行为效价作为自变量，幼儿的泛灵论分数作为因变量进行方差分析，$F(2, 156)$①$= 2.90$, $p = 0.058$, $\eta_p^2$②$= 0.04$，这说明各组幼儿对于社交机器人的泛灵论认识无显著差异。

最后，为探讨泛灵论认识是否对幼儿的分享行为造成影响，本研究将幼儿的泛灵论测试分数纳入数据分析。结果发现，幼儿在泛灵论测试上的分数对其最终分享贴纸数量无显著影响，r③$= -0.03$, $p = 0.708$。这表明，被试幼儿对社交机器人的泛灵论认识不会造成最终分享贴纸数量的差异。

为检验社交机器人的行为效价是否对幼儿分享贴纸的数量产生影响，以社交机器人的行为效价为自变量，以被试幼儿分享给社交机器人的贴纸数量作为因变量，进行单因素(社交机器人的行为效价：积极组、消极组、

① F 值是组间变异(处理效应)与组内变异(误差)的比值，用于检验各组均值是否存在显著差异。F 值越大，说明组间差异相对于随机误差越显著。F 值的显著性需结合自由度(组间自由度、组内自由度)和 p 值判断。

② 偏 eta 方(Partial, η_p^2)是效应量指标，表示自变量对因变量的方差解释比例(扣除其他变量影响后)。通常来说，$0.01 \leqslant \eta_p^2 < 0.06$：小效应；$0.06 \leqslant \eta_p^2 < 0.14$：中等效应；$\eta_p^2 > 0.14$：大效应。

③ Pearson 相关系数(记作 r)反映两个变量线性相关的程度，取值范围为-1 到 1。方向：$r>0$：正相关(一个变量增加，另一个变量倾向于增加)。$r<0$：负相关(一个变量增加，另一个变量倾向于减少)。$r = 0$：无线性相关(但可能有其他非线性关系)。强度：$|r| = 1$：完全线性相关(所有数据点落在一条直线上)。$|r| \approx 0$：线性关系极弱或无。通常根据绝对值范围判断相关性强度(不同领域可能有不同标准)。

控制组)方差分析(见图 3-2)。结果表明社交机器人行为效价的主效应显著，$F(2, 156) = 5.86$，$p<0.01$，$\eta_p^2 = 0.07$。对主效应进行事后检验(Tukey's HSD[①])发现，积极组($M=4.66$, $SD=0.68$)显著高于消极组($M=3.34$, $SD=2.14$, $p<0.01$)；消极组显著低于控制组($M=4.28$, $SD=2.74$, $p<0.05$)；但积极组与控制组($p=0.610$)未发现显著差异。该结果表明，幼儿获得的有关社交机器人的积极或消极行为信息会影响他们向社交机器人分享贴纸的数量。具体表现为，幼儿会向展现出积极行为的社交机器人分享更多的贴纸，反之，幼儿会向展现出消极行为的社交机器人分享更少的贴纸。图 3-2 展示不同条件下幼儿分享贴纸的平均数量。

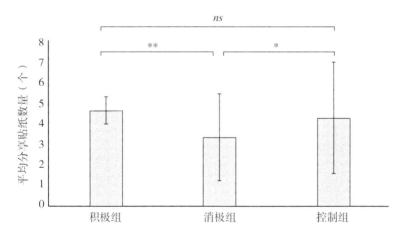

图 3-2　不同条件下幼儿分享贴纸平均数量

我们对所有被试幼儿回答的分享原因进行编码处理，分为以下四类：(1)公平：明确表示想要公平、平等、均等、一样分享等。(2)自我：明确表示考虑自己的想法，例如，"我喜欢这些贴纸""我就想这么分"。(3)对方：明确表示根据分享对象的某些特征做出分享行为，例如，"因为它也爱分享啊"。(4)其他:不属于上述任何一种。两名研究助理为被试表述的分享原因进行编码,两组编码结果总体一致性为 94.97%(k = 0.93)[1],其余不一致的 8 个编码最终通过讨论得以解决。

为探讨不同组别下,幼儿分享原因是否存在差异,本实验进行了卡方检验。结果显示,不同组别幼儿的分享原因存在显著差异,$\chi^2(6)$[2] = 38.62,$p < 0.001$。进一步 Z 检验[3](Bonferroni),结果显示:积极组出于"公平"原因进行分享的幼儿比例显著大于消极组和控制组;消极组出于"自我"原因进行分享的幼儿比例显著大于积极组,控制组显著大于积极组;消极组出于"对方"原因进行分享的幼儿比例显著大于控制组。图 3-3

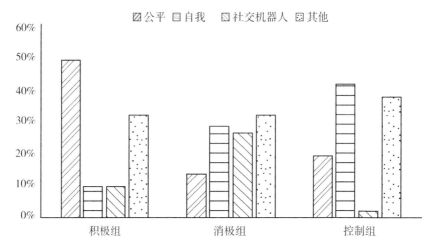

图 3-3 不同组别各分享原因所占百分比

① Kappa 值(记作 K)可用于衡量两个评估者(或同一评估者两次评估)对同一组对象进行分类时,实际一致性与偶然预期一致性的差异程度,当 $K = 1$ 时代表两者完全一致。

② χ^2(读作"卡方")是一种用于检验观测频数与理论频数是否一致的非参数统计量,常用于分析分类变量的关联性或分布差异。

③ Z 检验是一种参数检验方法,用于判断样本均值与总体均值(或两独立样本均值)是否存在显著差异。Z 检验(Bonferroni)指的是在进行多重比较时,使用 Z 检验作为基础的统计检验方法,并通过 Bonferroni 校正调整显著性水平,以控制多重比较导致的第一类错误风险。

展示不同组别儿童各分享原因所占百分比。

我们对幼儿所作回答进行编码，分析儿童是否相信机器人是爱分享或不爱分享的机器人。"相信"编码为 1，"不相信"编码为 2。为探讨不同组别幼儿相信/不相信的比例是否存在差异，进行卡方检验，结果发现各组间表示"相信/不相信"的幼儿数量存在显著差异，$\chi^2(1) = 26.07$，$p < 0.001$。不同组别儿童编码具体数据见表 3-4。Z 检验(Bonferroni)结果显示：积极组表示"相信"的幼儿比例显著多于消极组，消极组表示"不相信"的幼儿比例显著多于积极组。

表 3-4 不同组别幼儿"相信"或"不相信"机器人是"爱分享"的或
"不爱分享"的数量及比例

组别	表示"相信"		表示"不相信"	
	数量(个)	比例(%)	数量(个)	比例(%)
积极组	52	98.11%	1	1.89%
消极组	30	56.60%	23	43.40%

第四章　机器人与幼儿的帮助行为

第一节　机器人与幼儿帮助行为的研究问题

一、机器人交替注视与求助信号对4岁幼儿帮助行为的影响

以往研究发现，3~5岁幼儿不仅会帮助人类，并将这种帮助行为迁移到了社交机器人中，他们通过打包材料、协助任务、清除路上的障碍物[①]以及协助搭积木来帮助机器人[②]。

本研究关注人形社交机器人对儿童亲社会行为的影响。人形机器人通常具有类人的面部特征和类人行为。在一项有关3岁幼儿帮助人形机器人的研究中，机器人展现出了交替注视、抓握动作、求助信号和自主运动的特征。[③] 然而，已有研究尚未明确哪种机器人的特征是触发幼儿帮助行为

---

① DE LEON M P E, DEL MUNDO M D S, MONEVA M L V, et al. Manifestations of helping behavior among preschool children in a laboratory school in the philippines[J]. Asia-Pacific Journal of Research in Early Childhood Education, 2014, 8(3): 1-20.

② BERAN T N, RAMIREZ-SERRANO A, KUZYK R, et al. Understanding how children understand robots: perceived animism in child-robot interaction[J]. International Journal of Human-Computer Studies, 2011, 69(7-8): 539-550.

③ MARTIN D U, PERRY C, MACINTYRE M I, et al. Investigating the nature of children's altruism using a social humanoid robot[J]. Computers in Human Behavior, 2020, 104: 106149.

的关键因素。在本研究中，我们探索了机器人交替注视和言语表达两种行为对幼儿帮助行为的独立影响及交互作用，旨在为理解机器人特征与幼儿亲社会行为之间的关系提供实证依据。

(一)人形机器人的交替注视

人们对机器人的视线方向很敏感。当机器人的视线聚焦于环境中的物体或位置时，个体也会关注到该物体或位置。① 机器人的交替注视——先注视一个物体，然后转向与人类对视，再看回最初注视的物体。这一过程不仅会将幼儿的注意力集中在物体上，还会影响幼儿接下来的行为。交替注视意味着将注意力集中在一个共同的物体上，当机器人在幼儿和目标障碍物之间进行交替注视时，幼儿会看到目标障碍物，并猜测机器人的行为意图，进而可能产生帮助行为。然而，迄今为止还没有研究证实机器人交替注视对儿童帮助行为的影响。因此，本研究的第一个目的是探索机器人的交替注视是否会触发幼儿的帮助行为。在研究中，我们创设了一个机器人闯关的游戏情境，闯关过程中机器人遇到障碍物时需要帮助。通过设置让机器人在障碍物和幼儿之间进行交替注视，或没有交替注视，仅让机器人注视障碍物两种实验条件，来探索机器人交替注视对幼儿帮助行为的影响。我们假设，与不进行交替注视的机器人相比，当机器人进行交替注视时，幼儿更有可能为其提供帮助。

(二)机器人的言语表达

清晰的言语表达能够传递明确的线索，从而可能触发幼儿对机器人的帮助行为。在幼儿与成年人的互动中，随着行为和沟通线索的逐渐清晰，

---

① ADMONI H, SCASSELLATI B. Social eye gaze in human-robot interaction: a review[J]. Journal of Human-Robot Interaction, 2017, 6(1): 25-63.

尤其是当求助者直接提出请求时，帮助行为的发生概率会显著提高。①

　　与人类求助者相似，机器人也可以通过清晰的言语表达来引发幼儿的帮助行为。例如，Martin 等人在 2020 年的研究发现，当机器人通过交替注视、抓握动作和言语表达相结合的方式寻求帮助时，3 岁幼儿不仅会更频繁地表现出帮助行为，而且反应速度也更快。② 然而，目前尚不清楚言语表达本身是否为促进幼儿帮助行为的关键因素。因此，本研究的第二个目的是探索机器人清晰的言语表达是否能够有效引发幼儿的帮助行为。

　　在本研究中，社交机器人将采用日常生活中常用的求助语，例如"谁能帮帮我?"来表达需要帮助。我们假设，与没有言语表达的情况相比，当机器人明确地使用言语表达来寻求帮助时，幼儿更有可能帮助机器人。

（三）交替注视与言语表达同时存在

　　考虑到交替注视和言语表达这两个因素都有可能引发幼儿的帮助行为，这不禁引发了我们的思考：当这两个因素同时出现时，它们是否会产生叠加的促进效应? 换言之，如果机器人在进行交替注视的同时通过言语表达发出求助信号，幼儿会更迅速地帮助机器人吗? 在 Martin 等人 2020 年的研究中，人形机器人在玩耍木琴的第 10 秒不小心从手中掉落了木棍，实验组中的 3 岁幼儿观察到机器人在进行交替注视，同时也听到机器人发出

　　① SVETLOVA M, NICHOLS S R, BROWNELL C A. Toddlers' prosocial behavior: from instrumental to empathic to altruistic helping[J]. Child Development, 2010, 81(6): 1814-1827.

　　② MARTIN D U, PERRY C, MACINTYRE M I, et al. Investigating the nature of children's altruism using a social humanoid robot[J]. Computers in Human Behavior, 2020, 104: 106149. Admoni H, Scassellati B. Social eye gaze in human-robot interaction: a review[J]. Journal of Human-Robot Interaction, 2017, 6(1): 25-63.

了"噢!"的言语表达。而在对照组中，机器人的视线完全偏离木棍且静止不动，没有与幼儿进行眼神交流。结果表明，对照组幼儿对机器人的帮助行为明显少于实验组幼儿。[1] 然而，对照组幼儿帮助行为减少的具体原因仍需进一步探讨。一种可能的解释是，机器人采用的目光偏离目标物体的方式——即厌恶注视[2]——可能阻碍了对照组幼儿对机器人意图的准确理解。这种非典型的目光注视模式可能导致幼儿误认为机器人不再需要琴棍，从而降低了他们的帮助响应速度与积极性。因此，目前尚不确定对照组的厌恶注视是否导致了 Martin 等人在 2020 年的研究结果的关键因素，又或是这两个特征(交替注视、言语表达)同时存在影响了实验组幼儿帮助机器人的行为。因此，为了验证 Martin 等人的发现，我们的第三个目的是，探索当机器人在幼儿和障碍物之间进行交替注视时发出求助信号，幼儿是否会表现出更频繁的帮助行为。

二、社交机器人求助情境下旁观者效应对幼儿帮助行为的影响

人们乐于帮助他人，可能是出于对他人的关心和同情，也有可能是因为这样做有助于提高自身被帮助的概率、提升个人的社会声誉以及增加和他人合作的机会。[3] 然而在有些情况下，人们帮助他人的情况会明显减少。例如，Darley 和 Latané 发现，当需要帮助的人周围存在大量潜在的陌生帮

① MARTIN D U, PERRY C, MACINTYRE M I, et al. Investigating the nature of children's altruism using a social humanoid robot[J]. Computers in Human Behavior, 2020, 104: 106149. Admoni H, Scassellati B. Social eye gaze in human-robot interaction: a review[J]. Journal of Human-Robot Interaction, 2017, 6(1): 25-63.

② ANDRIST S, TAN X Z, GLEICHER M, et al. Conversational gaze aversion for humanlike robots[C]//Proceedings of the ACM/IEEE International Conference on Human-Robot Interaction, March 3-6, 2014, Bielefeld, Germany. New York: ACM, c2014: 25-32.

③ WEINSTEIN N, RYAN R M. When helping helps: autonomous motivation for prosocial behavior and its influence on well-being for the helper and recipient[J]. Journal of Personality and Social Psychology, 2010, 98(2): 222-244.

助者时，人们帮助他人的可能性会大幅降低，这种现象被称为"旁观者效应"。①

为了进一步解释这一现象，Darley 和 Latané 提出了突发情况下帮助的五步模型。该模型首先要求个体注意到突发情况，随后评估事件的紧急程度，接着确定自己是否有责任提供帮助，再进一步思考是否具备帮助的能力和知识，最后在他人行动之前主动采取行动。这一模型在运行的过程中会受到社会参照、责任扩散和羞怯三个干扰因素的影响。社会参照主要影响个体对情境紧急程度的评估，当周围人表现得若无其事时，个体可能会低估事件的严重性；责任扩散则削弱了个体的责任感，当旁观者数量较多时，人们往往会认为帮助的责任应由他人承担；而羞怯则可能使个体因为害怕尴尬或担心被评价而犹豫是否采取行动。如果在模型的运行过程受到以上三个因素的严重干扰，人们帮助他人的可能性就会大大减少。因此，旁观者效应的产生不仅与旁观者的数量有关，还受到帮助意图的不确定性以及个体性格特征的影响。②

与此类似的是，在某些特定的情境下，幼儿帮助他人的情况也会显著减少。例如，研究表明，5 岁的幼儿在其他陌生幼儿旁观者存在时，也会出现旁观者效应，且原因主要来自责任扩散。③ 由于幼儿在这一阶段已经发展出了一定的抑制能力、表演能力，以及初步的社会认知能力，他们开始能够感知到周围环境中的社会动态，并据此调整自己的行为。由此可见，幼儿在面对他人需要帮助的情境时，陌生幼儿旁观者的存在会显著降

① LATANE B, DARLEY J M. Group inhibition of bystander intervention in emergencies[J]. Journal of Personality and Social Psychology, 1968, 10(3): 215-221.

② DECETY J, BARTAL I B A, UZEFOVSKY F, et al. Empathy as a driver of prosocial behaviour: highly conserved neurobehavioural mechanisms across species[J]. Philosophical Transactions of the Royal Society B: Biological Sciences, 2016, 371(1686): 20150077.

③ PlÖTNER M, OVER H, CARPENTER M, et al. Young children show the bystander effect in helping situations[J]. Psychological Science, 2015, 26(4): 499-506.

低幼儿帮助他人的可能。这一现象表明，幼儿的助人行为不仅受到个体内在动机的驱动，还会受到外部社会环境的影响。为了了解幼儿在面对社交机器人求助情境时是否会产生旁观者效应，我们参考 Plötner 在旁观者效应研究中使用的方法，创设社交机器人求助情境，并安排两位同龄的陌生旁观者。

以往研究表明，旁观者效应产生的原因是社会参照、责任扩散和羞怯[①]，然而旁观者效应所产生的最直接原因尚不清楚。因此，我们设立了旁观者组、旁观者受限组和单人组以期对这一问题进行深入探讨。旁观者组中，旁观者和被试坐在一排，被试能观察到旁观者在身边，也能观察到机器人的受困情况。旁观者受限组是在旁观者组的前提下设置障碍让旁观者无法提供帮助，即旁观者仍然能看到旁观者和机器人的受困情况，但是两位 5 岁的旁观者由于受困无法提供帮助。此时帮助的责任全部落在了被试身上，从而不存在责任扩散。因此，若此时出现旁观者效应，则可能的原因主要来源于社会参照和羞怯。单人组是指只有被试一个人在场，并且能够看到机器人的受困情况。由于单人组不会产生旁观者效应，如果旁观者受限组和单人组的结果没有差异，说明羞怯和社会参照并不是出现旁观者效应的主要原因，最终可以基本确定旁观者效应的产生原因主要来自责任扩散。

三、声音对幼儿帮助机器狗行为的影响研究

儿童的帮助行为不仅限于人类，还可以延伸到社交机器人。这意味着，儿童对人类需求者的移情反应可能同样发生在非生命实体(例如，机器人)身上。以往研究发现，儿童对机器人的移情机制与对人类非常相似，

---

① LATANE B, & DARLEY J M. Group inhibition of bystander intervention in emergencies[J]. Journal of Personality and Social Psychology, 1968, 10(3): 215-221.

幼儿能够将他们的泛灵论思想应用于机器人。①

　　机器人的外观特征是影响幼儿向机器人展示帮助行为的重要因素。研究表明，不同的机器人外观特征会影响儿童对它们的接受程度。例如，Shiomi 等人的研究比较了 1~6 岁幼儿对三种不同外观的机器人的接受程度：类似球体的 Beam+机器人、具有活跃面部的 Romo 机器人，以及具备实时图像传输功能和类手特征的 ChiCaRo 机器人。研究结果显示，幼儿对 ChiCaRo 机器人的接受度显著高于其他两种类型。此外，机器人能否进行"情感"表达也会影响着幼儿对其帮助行为的展现。② 例如，当机器人发出类似"哭泣"的声音时，会引发幼儿产生与人类养育婴儿相同的情感机制③，此时幼儿更可能对机器人展现出帮助行为。

　　机器玩具是未来社交机器人的重要应用领域之一。作为机器玩具中的一类，机器狗自身的许多特征会影响幼儿对它们的认识。机器狗的外观特征不仅能够吸引幼儿的注意力，还能通过声音和动作的组合，构成动物形机器人有效的非语言多模式交流方式。④ 这种交流方式能够传递情绪信息，进而影响幼儿的同理心体验。因此，我们选择了机器狗的动作和声音的组合，来探讨幼儿对机器狗的亲社会行为是否与幼儿自身的同理心相关。

---

　　① MARTIN D U, PERRY C, MACINTYRE M I, et al. Investigating the nature of children's altruism using a social humanoid robot[J]. Computers in Human Behavior, 2020 (104): 106149.

　　② SHIOMI M, ABE K, PEI Y, et al. "I'm Scared" Little children reject robots[C]// Proceedings of the Fourth International Conference on Human Agent Interaction, 2016: 245-247.

　　③ BREAZEAL C. Emotion and sociable humanoid robots[J]. International Journal of Human-Computer Studies, 2003, 59(1-2): 119-155.

　　④ LÖFFLER D, SCHMIDT N, TSCHARN R. Multimodal expression of artificial emotion in social robots using color, motion and sound[C]//Proceedings of the 2018 ACM/ IEEE International Conference on Human-Robot Interaction, 2018: 334-343.

第二节　机器人与幼儿帮助行为的研究结果

一、机器人交替注视与求助信号对 4 岁幼儿帮助行为的影响

幼儿阶段是社会性和认知发展的关键时期。在这一阶段，幼儿逐渐发展出对他人心理和行为的理解能力，即观点采择和心理理论，这些能力对预测其亲社会行为具有重要作用。观点采择是指能够准确识别他人所处情况并理解他人观点的能力。[①]　一项研究表明，3~5 岁的幼儿在与同龄人互动时，表现出更强的观点采择能力，这种能力的发展与更高的亲社会行为参与度呈正相关。与此同时，幼儿的心理理论发展对他们的亲社会行为起着重要作用。心理理论涉及对他人心理和行为的推理。[②]　然而，迄今为止，还没有研究专门评估幼儿的观点采择或心理理论是否影响儿童对非人实体的社交机器人的帮助行为。

鉴于观点采择和心理理论可能对幼儿的帮助行为产生影响，我们将两者作为协变量纳入我们的分析中。此外，考虑到幼儿的观点采择能力和心理理论可能因年龄而异，且不同月龄的幼儿呈现出的帮助行为也有差异，因此，我们将月龄也作为协变量纳入分析。

以往研究主要聚焦 3 岁幼儿对人形机器人的帮助行为，发现 3 岁幼儿的帮助行为似乎与纯粹的利他主义有关，而与机器人的特定特征无关，与年龄较大的幼儿相比，3 岁幼儿更有可能无条件地提供帮助，而不受求助者个人特征的影响。这些结果表明，3 岁幼儿的帮助行为可能更多地受到

[①]　EISENBERG N, MILLER P A. The relation of empathy to prosocial and related behaviors[J]. Psychological Bulletin, 1987, 101(1): 91.

[②]　CIGALA A, MORI A, FANGAREGGI F. Learning others' point of view: perspective taking and prosocial behaviour in preschoolers[J]. Early Child Development and Care, 2015, 185(8): 1199-1215.

其发展阶段的内在驱动，而非外部情境或对象特征的影响。

为了进一步探索年龄是否影响幼儿帮助行为的重要因素，并减轻年龄可能带来的潜在影响，本研究选择将 4 岁幼儿作为研究对象。这一年龄段的幼儿正处于社会认知和情感发展的关键阶段，能够更清晰地理解他人的需求，并表现出更为复杂的社会行为。实验流程如表 4-1。

表 4-1 不同条件下的实验流程

时间	交替注视	求助信号	交替注视 & 求助信号	无交替注视 & 无求助信号
1~30s	向前行走，直至障碍物前不断移动	向前行走，直至障碍物前不断移动	向前行走，直至障碍物前不断移动	向前行走，直至障碍物前不断移动
31~50s	在幼儿与障碍物间进行交替注视：第 30 秒开始转头，第 35 秒看向幼儿；第 40 秒看向障碍物，第 45 秒再次看向幼儿	第 35 秒发出声音："哎呀，我被挡住了。"第 45 秒发出明确求助信号："谁能帮帮我？"	在幼儿与障碍物间进行交替注视：第 30 秒开始转头，第 35 秒看向幼儿，并发出"哎呀，我被挡住了。"第 40 秒看向障碍物，接着转头在第 45 秒看向幼儿，并发出明确求助信号："谁能帮帮我？"	向前行走，直至障碍物前不断移动
51~80s	在障碍物前不断移动	在障碍物前不断移动	在障碍物前不断移动	在障碍物前不断移动
80s	实验者进入实验室，测试结束			

本研究采用 2(交替注视：有，无)×2(求助信号：有，无)的被试间实验设计，将 128 名 4 岁的幼儿(M_{age} = 52.78 月，SD = 3.19)随机分配到四组中。结果发现，交替注视的主效应显著，$F(1，126)$ = 4.20，p = 0.04，η_p^2 = 0.03。当机器人有交替注视时的帮助行为得分(M = 1.39，SD = 1.42)显著高于机器人没有交替注视时的得分(M = 1.00，SD = 1.33)。求助信号主效应显著，$F(1，126)$ = 16.58，$p<0.001$，η_p^2 = 0.12。当机器人有求助信号时的帮助行为得分(M = 1.67，SD = 1.44)显著高于机器人没有求助信号时的得分(M = 0.72，SD = 1.16)。机器人交替注视与求助信号之间的交互作用不显著，$F(1，126)$ = 1.09，p = 0.30，η_p^2 = 0.01。心理理论和观点采择不是幼儿帮助机器人行为得分的显著预测因素($p > 0.05$)。月龄边缘显著(p = 0.058)，即月龄越大的幼儿越有可能帮助机器人。

为了探索当机器人进行交替注视时发出求助信号，幼儿是否表现出更多的帮助行为，我们使用单因素方差分析，自变量为组别，因变量为帮助行为得分。结果不满足方差齐性($p<0.001$)。因此，我们使用 Kruskal-Wallis H 检验[1]来比较四组帮助行为得分的差异。结果表明，有求助信号组的帮助行为平均得分显著高于没有交替注视或言语表达组(H = 31.50[2]，$p<0.001$)。交替注视组的帮助行为平均得分显著高于没有交替注视或求助信号组(H = 18.47，p = 0.02)。交替注视和求助信号组的帮助行为平均得分显著高于没有交替注视或求助信号组(H = 31.28，$p<0.001$)。交替注视和求助信号组与有求助信号组的帮助行为平均得分之间的差异不显著(p = 0.979)，与交替注视组的差异也不显著(p = 0.124)。交替注视组和求助信号组的平均得分差异不显著(p = 0.118)。因此，与没有交替注视或求助信

---

① Kruskal-Wallis H 检验是一种非参数检验方法，用于比较 3 组或以上独立样本的中位数是否存在显著差异。适用于数据不满足正态分布或方差齐性假设的情况。

② H 值反映了组间秩次的差异程度。H 值越大，各组间的差异越明显，中位数不同的可能性越高。H 值越小，各组间的差异越可能由随机因素导致。

号的组相比，交替注视、求助信号以及交替注视和求助信号组的幼儿表现出更高的帮助行为得分，但这三组之间的得分没有显著差异。

二、社交机器人求助情境下旁观者效应对幼儿帮助行为的影响

类似的，我们探讨了在面对机器人求助情境时，5 岁幼儿是否会对其产生帮助行为或出现旁观者效应。60 位 5 岁（$M_{age}=66.1$ 月，$SD=4.46$）的幼儿被随机分配到单人组、旁观者组、旁观者受限组这三种实验条件，并被观察在面对机器人寻求帮助时的反应。详见图 4-1。

图 4-1　单人条件（a），旁观者条件（b），旁观者受限条件（c）

研究结果发现，在单人组中有 17 位幼儿帮助了机器人，旁观者组中有 5 位幼儿帮助了机器人，旁观者受限组中有 15 位幼儿帮助了机器人（详见图 4-2）。单人组（$X^2=14.55$，$p<0.01$，$df=1$[①]，$N=40$[②]）和旁观者受限组（$X^2=10.00$，$p<0.01$，$df=1$，$N=40$）与旁观者组的帮助人数均有显著差异，单人组与旁观者受限组（$X^2=0.63$，$p=0.70$，$df=1$，$N=40$）的帮助人数无显著差异。

在幼儿帮助时间上，利用 Kruskal-Wallis H 检验进行分析，发现各组帮

———————————

① 在统计学中，df 代表自由度（Degrees of Freedom），用于描述计算统计量时独立可变数据的数量。

② N 是参与特定卡方检验（X^2）的所有组别中参与者的总人数。

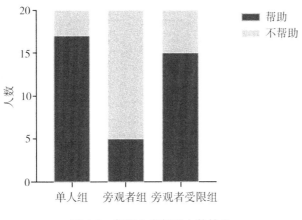

图 4-2　各组儿童帮助人数结果

助社交机器人的幼儿的帮助时间整体上无显著差异（$p = 0.62$，$df = 2$，$H = 1.28$）。利用 Mann-Whitney U 检验①对各组之间进行分析，发现单人组与旁观者组（$p = 0.32$，$U = 55.50$），旁观者组与旁观者受限组（$p = 0.31$，$U = 25.50$）以及单人组与旁观者受限组（$p = 0.79$，$U = 134.50$）的帮助延迟时间均无显著差异。详见图 4-3。

我们对儿童进行了事后访谈。访谈结果发现，所有幼儿都注意到了社交机器人不小心弄倒了积木，并都认为社交机器人需要帮助。在帮助机器人的责任上，在所有被试中有 48 位幼儿（80.0%）觉得自己应该去帮助机器人。在 12 位（20.0%）不认为或不知道自己应该去帮助机器人的幼儿中，单人组中有 2 位幼儿不知道应该谁去帮，1 位幼儿认为应该实验主试去帮助机器人。旁观者组中有 4 位幼儿认为应该其他小朋友去帮助，有 2 位幼儿不知道应该谁去帮助，有 1 位幼儿认为应该实验主试去帮助。在旁观者受

① Mann-whitney U 检验《曼-惠特尼 U 检验）是一种非参数检验方法，用于判断几组独立样本的中位数是否存在显著差异，适用于数据不满足正态分布或为顺序（等）数据的情况。

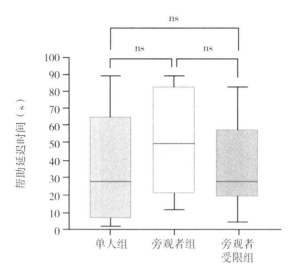

图 4-3 儿童的帮助延迟时间

限组中有 2 位幼儿不知道应该谁去帮助。

卡方检验结果表明，单人组与旁观者组（$X^2 = 2.13$，$p = 0.27$，$df = 1$，$N = 40$），单人组与旁观者受限组（$X^2 = 0.23$，$p = 0.99$，$df = 1$，$N = 40$），旁观者组与旁观者受限组（$X^2 = 3.58$，$p = 0.13$，$df = 1$，$N = 40$）在对谁来帮助机器人的回答上均无显著差异。

在如何帮助机器人上，所有被试中有 58 位幼儿知道应该怎么帮助机器人，单人组和旁观者受限组中分别有 1 位幼儿不知道怎么帮助机器人。

最后，通过单因素方差分析考察幼儿对机器人的生命性判断，我们发现单人组、旁观者组和旁观者受限组之间无显著差异（$F = 1.61$，$p = 0.21$，$\eta_p^2 = 0.05$，$df = 2$）。各个类别之间的生命性判断分数存在显著差异（$F = 87.38$，$p < 0.01$，$\eta_p^2 = 0.38$，$df = 5$）。根据 Tukey 事后检验，幼儿的生命性判断分数显著高于动物，机器人的生命性判断分数显著高于交通工具的生命性判断分数。通过配对样本 t 检验发现幼儿对悟空机器人与 NAO 机器人的

生命性判断有显著差异($t=2.36$，$p=0.02$，$df=59$)。

三、声音对幼儿帮助机器狗行为的影响研究

以往研究已证实幼儿能够对机器人产生和人类相似的亲社会行为，机器狗作为"宠物"的形式，能够吸引幼儿与其产生互动。因此，本研究选择机器狗作为实验材料，探讨当机器狗陷入困境时，它有无发出"委屈"声音是否会影响幼儿对它们的帮助行为的展现。研究假设当机器狗发出委屈声音时，相较不发出委屈声音，幼儿会更多、更快地展现帮助行为。

研究结果发现，实验组的 21 名幼儿中有 9 名展现了帮助行为，然而，对照组的 21 名幼儿中只有 3 名展现了帮助行为。卡方检验结果显示，机器狗"委屈声音"的主效应显著，$\chi^2=4.20$，$p<0.05$，$df=1$。性别不是造成该结果的原因，$\chi^2=0.66$，$p=0.42$，$df=1$。此外，帮助潜伏期的差异并不显著($p=0.68$)。数据显示，实验组下幼儿展现帮助的潜伏期($M=13.11s$，$SD=3.06$)短于对照组($M=19.67s$，$SD=7.51$)，这表明实验组幼儿在帮助机器狗时速度更快。

研究在测试后对幼儿进行泛灵论测试、帮助者的理由访谈和询问部分开放式问题(例如，你想养狗吗?)。结果发现，仍有部分 4 岁儿童对机器人等无生命实体存在泛灵论倾向。

第五章　机器人与幼儿亲社会行为的研究反思

第一节　机器人与幼儿互动行为的研究反思

本篇针对在实验中运用法宝机器人和悟空机器人与3~4岁的幼儿互动的实践进行了反思总结。

一、幼儿对机器人的认识具有个体差异

我们在开展若干项关于幼儿与机器人互动的实验研究时发现，3岁幼儿对机器人的态度具有个体差异。

3岁左右的幼儿普遍对机器人表现出强烈的拟人化倾向，将其视为生命系统或具有生命特征的存在。儿童通常难以区分机器人是否具有生命，认为机器人可以在儿童生活中出现，并成为儿童的好朋友之一。随着年龄增长，4岁儿童对机器人的理解进一步复杂化，他们开始关注机器人的材质和能力，推测机器人是人造产物，并且通过充电才能进行各种活动。

3~4岁的幼儿对机器人的泛灵论倾向具有个体差异，不是所有的幼儿都认为机器人具有生物属性、心理属性、感知属性、生命属性。例如，课题组成员询问平均月龄为39.28的45名幼儿"机器人会感到开心或难过吗？"，42.22%的幼儿选择了机器人会感到开心或难过。询问他们"机器人

是活着的吗?",68.89%的幼儿选择了机器人是活着的。这些数据说明儿童对社交机器人的认知存在个体差异,这些差异可能是社会生活经验、个体泛灵论倾向以及儿童自身气质差异导致的。

这些发现启示我们,教师和家长在使用机器人和幼儿互动或者使用机器人进行授课时,需要认识到幼儿的个体差异带来的效果差异。

二、幼儿对机器人有消极情绪

以往理论和发现指出,机器人作为一种新兴的产品,对儿童具有天生的吸引力。在观察和探索后,儿童会逐渐形成对机器人的理解,产生"机器人是什么?"的认识。总的来说,儿童对机器人的认识是模糊且态度友好的。但是我们的实验发现,部分儿童也会对社交机器人产生害怕等消极或负面情绪。

课题组成员分别使用了拟人化程度较高的悟空机器人和拟人化程度较低的法宝机器人与31名3~4岁的幼儿开展藏贴纸游戏(见图5-1)。在实验中发现,大部分幼儿对机器人持积极的态度,愿意观看机器人展示自己的技能、和机器人做朋友、和机器人进行游戏互动。还有幼儿从见到机器人的第一刻起就表现出明显的恐惧,甚至产生尖叫、哭泣等行为。在面对拟人化程度低的法宝机器人时,没有幼儿表现出明显的害怕情绪。只有一个幼儿因为害怕法宝机器人老师惩罚他,表现出了短暂的逃避情绪。但是当幼儿面对拟人化程度高的悟空机器人时,有5名幼儿表现出了强烈的害怕情绪,并且不愿意继续与悟空机器人进行互动。在班集体中展示机器人时,很少有幼儿会表现出恐惧。课题组成员将悟空机器人带到一个16名2~3岁的幼儿托班进行展示,发现只有1个幼儿出现了害怕的情绪。班级里曾经和悟空机器人进行一对一接触时害怕的幼儿,在这个过程中并没有表现出害怕,反而表现出非常兴奋的状态。

悟空机器人较高的拟人化程度可能是导致部分儿童产生经历恐怖谷效

应的关键因素。悟空机器人的移动性和高度类人的外表对儿童来说属于外在刺激。这种外在生物属性刺激会影响儿童对社交机器人的社会认知，这种刺激影响是"自下而上"的认知加工过程。我们推测这种拟人化刺激可能超出了儿童的传统认知经验范围，导致认知失调，进而引发负面情绪反应。

图 5-1　左：悟空机器人；右：法宝机器人

三、机器人的功能受限

我们在实践中发现，当下机器人的功能还受到许多限制。例如，机器人的手指不能进行精细物体的抓握。在机器人与幼儿玩藏贴纸的游戏中，机器人不能去取拿贴纸，这会影响幼儿对机器人能力的认知。例如，在我们的实验中，有一句指导语是，"机器人会把贴纸藏在其中一个颜色的纸杯里"，但是有幼儿会说："机器人的手不能动，它拿不了贴纸！"幼儿会认为机器人是没有能力去藏贴纸的，进而不会相信实验者操控的机器人话语条件，这会对实验结果产生影响，也是当前暂时无法解决的难题。

此外，机器人在执行某个指令时常常会卡顿。例如，为了让幼儿能够了解机器人，实验设置了机器人的才艺展示环节。然而在实验中，常常出现主试触动了开关，但是机器人一直没有反应的尴尬局面。机器人的不稳定反馈也会影响幼儿对机器人的感知，进而影响实验的结果。除此之外，有时机器人会在执行某段程序时突然发出系统的提示音，也会对实验结果产生影响。

本课题组为了解决这一问题，通常会采用录制机器人视频替代将机器人带入现场实验。录制视频的优势在于，实验者可以提前对视频进行剪辑，将机器人出现故障的部分进行裁剪和修改，从而制作出最符合理想实验条件的内容。然而，这种方法的缺点在于，录制视频对儿童的吸引力和刺激可能不足，部分儿童会对视频产生不耐烦和分心的现象，从而影响实验结果的准确性和可靠性。相比之下，将机器人带入现场实验，可以最大程度地调动儿童对机器人的兴趣，让儿童真实地感受机器人的功能和"能力"，从而更好地实现实验者对实验条件的操控。然而，当前机器人的功能仍存在一定的局限性，例如可能出现故障或行为不一致的情况，对实验的顺利进行造成干扰。

我们期待未来随着机器人技术的不断发展，其功能能够更加完善，从而解决目前存在的一些故障问题。这将帮助实验者更理想地操控实验条件，为研究儿童与机器人互动提供更可靠的工具和方法。

第二节 机器人与儿童分享行为的研究反思

当前，越来越多的研究关注社交机器人对儿童分享行为的影响。本节关注社交机器人与儿童互动的过程中出现的问题，重点阐述社交机器人与儿童在分享行为中存在的问题和思考。根据预实验和正式研究的实验过程，做出以下研究反思，供未来实验研究参考。

一、恐怖谷效应对儿童的影响

1970 年，日本机器人专家 Masahiro Mori 在杂志上发表《恐怖谷》(*Uncanny Valley*) 一文，首次提出人与机器人互动过程中的恐怖谷效应 (uncanny valley)。恐怖谷效应描述了人类对机器人的情绪反应如何随着感知到的机器人具有的人类相似性而变化。恐怖谷效应认为，机器人的外观和行为跟人类越是接近，人们越容易产生积极的正面情感；但是，随着相似度的提高，这种正面的情感到达一个峰值之后，人们会对机器人产生恐怖的感觉，形成所谓的"恐怖谷"；当相似度持续上升到与人类更为接近的程度时，人们对机器人又会重新产生正面的情感。

我们将社交机器人作为观察者，观察儿童分享行为时发现，有的儿童会对社交机器人出现恐怖谷效应，即只有社交机器人和儿童处于同一个环境时，儿童会表现出明显的焦虑和不安感(例如，哭泣、尖叫等)，导致实验无法继续开展，但这种恐怖谷效应在第三者在场时会相对减轻。

此外，实验发现 3 岁儿童的恐怖谷效应会比 5 岁儿童的恐怖谷效应更加强烈。3 岁儿童认为机器人是一个恐怖的社会存在，而 5 岁儿童更加了解社交机器人只是一个灵巧的机器人，并没有产生太多的生理恐惧。

这也给未来实验一些研究启发：在测试社交机器人对儿童行为影响时，要首先考虑儿童是否会对社交机器人产生恐怖谷效应，以及恐怖谷效应是否会影响儿童的亲社会行为。

二、分享材料的选择

当我们以贴纸为实验材料研究儿童的分享行为时发现，贴纸的类型、颜色以及儿童对贴纸的偏好会影响儿童的分享行为。本课题组研究社交机器人对儿童分享行为的影响，采用的贴纸均是低成本分享行为的贴纸材料，给儿童一些贴纸材料(通常是 10 张)，让儿童自主决定如何分享。

我们在研究分享材料对儿童的影响时发现，儿童对于分享材料的偏好会影响儿童的分享数量。例如，如果儿童过于喜欢某类贴纸人物，那么他可能将分享材料中的所有贴纸都占为己有。反之，如果儿童对于贴纸人物不感兴趣，那么即使他是一个不太愿意分享的小朋友，他也有可能分享所有的贴纸。因此，为了减少这种个性差异，研究者建议可以选择金币或其他常见物品作为分享的材料，减少其他无关刺激对儿童分享行为的结果的影响。

此外，在进行儿童与社交机器人的分享互动研究时，需要优先采用让儿童与社交机器人实体进行互动的形式，而非让儿童通过视频媒介观看社交机器人的形式。由于从第三人称视角观察可能会产生额外的认知需求，因此，研究需要尽可能采用现场互动而不是非现场互动的形式来向学前儿童展示或控制社交机器人的行为动作，以减少学前儿童的额外的认知负担。

三、儿童的个体差异

本课题在实验研究过程中发现，儿童的个体差异(例如，气质、个性、分享意愿等)会影响儿童的分享行为。我们认为，有关学前儿童的亲社会实验需要在研究前进行充分的调查及控制。例如，观点采择能力强的儿童，更容易出现分享行为。这些儿童可能天生更愿意与他人分享，如果在进行实验操控时没有考虑这些原因，可能会影响实验结果。

此外，儿童可能在后期成长的过程中受到教师、家长的教育观念的影响（例如，社会环境教化儿童"要做一个爱和他人分享的好孩子"），这类儿童会具备较强烈的分享意愿，在实验中往往表现出慷慨大方的倾向，不吝啬自我拥有的资源。反之，部分儿童可能由于分享意愿较弱，或者出于对分享资源的占有欲望，在研究中表现出较弱的分享倾向。

四、儿童对社交机器人的偏好和态度

儿童对社交机器人的偏好和态度对实验结果也具有重要影响。研究过程中，如果某名儿童对机器人表现出强烈的喜爱，那么接下来他对机器人的分享意愿可能较为强烈；反之，如果某名儿童面对机器人感到恐惧，或者不愿与之互动，其分享意愿可能较为薄弱，甚至不敢或不愿意和机器人分享。因此，在研究开始前，了解儿童对社交机器人的偏好和态度是至关重要的。为了避免儿童对机器人的强烈偏好和态度成为影响研究结果的混淆因素，研究人员在开展研究前应进行相关调查，并排除这些问题。

第三节　机器人与儿童帮助行为的研究反思

当前，社交机器人对儿童帮助行为的影响逐渐受到关注。本节内容结合预实验和正式研究中机器人与儿童的帮助行为，提出以下反思，为未来研究提供参考。

一、旁观者效应影响儿童的帮助行为

我们的研究发现，单人组和旁观者受限组中的帮助人数显著多于旁观者组，而单人组和旁观者受限组中的帮助人数无显著差异。这一结果与 Darley 和 Latané 提出的突发情况下帮助行为的五步模型一致。[①] 该模型指出，儿童在实施帮助行为之前会受到社会参照、责任扩散和羞怯三个干扰因素的影响。本实验结果表明，单人组中的帮助人数显著多于旁观者组，说明旁观者存在时儿童的帮助行为确实减少了。旁观者受限组中的帮助人数显著多于旁观者组，说明旁观者受限组中的儿童可以意识到两位旁观者被困住，无法提供帮助，帮助的责任完全落在了自己身上，此时旁观者效应的产生原因主要来自社会参照和羞怯。然而，单人组和旁观者受限组的帮助人数无显著差异，说明旁观者受限组并没有出现明显的旁观者效应，这意味着社会参照和羞怯对 5 岁儿童的帮助行为影响不大，出现旁观者效应的主要原因是责任扩散。

同时，我们也对儿童的帮助行为进行了访谈。通过访谈，我们发现旁观者受限组和单人组中的大多数儿童认为自己应该帮助机器人，同时也需要了解如何帮助机器人。这表明，儿童在这些情境中能够清晰地认识到自己的责任，并表现出积极的助人意愿。然而，在旁观者组中，许多儿童表

---

① LATANE B, & DARLEY J M. Group inhibition of bystander intervention in emergencies[J]. Journal of Personality and Social Psychology, 1968, 10(3): 215-221.

现出犹豫或认为其他人可能会提供帮助，这进一步印证了责任扩散在旁观者效应中的重要作用。

二、儿童个体差异可能影响自身帮助行为

尽管单人组和旁观者受限组中帮助机器人的儿童显著多于旁观者组，但是在帮助的延迟时间上三组之间并没有显著的差异，这与以往研究不一致。[1] 以往的研究发现，单人组与旁观者受限组的帮助延迟时间显著少于旁观者组，而本研究中延迟时间的无差异性可能反映了儿童帮助行为背后的不同动机。

我们认为，一种可能的解释是，对于那些帮助机器人的儿童，旁观者的存在并没有影响他们的帮助行为，他们帮助机器人可能是出于义务感[2]，即他们认为自己有责任提供帮助，而不受周围旁观者的干扰。另一种可能是，儿童对机器人产生了共情或兴趣，无论旁观者是否存在，他们都会帮助社交机器人。[3] 此外，儿童的帮助行为会受到该幼儿园教师以及家庭教育的影响，儿童可能认为帮助了机器人会得到表扬或奖励，因此主动帮助机器人。[4] 还有一些幼儿园教师和家长会告诉儿童要成为一个乐于助人的小朋友，这种文化氛围和教育环境也会影响儿童的帮助行为。最后，对于帮助延迟时间较长的儿童来说，我们猜测他们的帮助行为可能是受到了旁观者

[1] PLÖTNER M, OVER H, CARPENTER M, et al. Young children show the bystander effect in helping situations[J]. Psychological Science, 2015, 26(4): 499-506.

[2] SIPOSOVA B, GRUENEISEN S, HELMING K, et al. Common knowledge that help is needed increases helping behavior in children[J]. Journal of Experimental Child Psychology, 2021, 201: 104973.

[3] BERAN T N, RAMIREZ-SERRANO A, KUZYK R, et al. Would children help a robot in need? [J]. International Journal of Social Robotics, 2011, 3(1): 83-93.

[4] NIELSEN M, GIGANTE J, COLLIER-BAKER E. Direct cost does not impact on young children's spontaneous helping behavior[J/OL]. Frontiers in Psychology, 2014, 5: 1509.

存在的影响，也有些儿童犹豫自己是否应该在没有得到老师允许的情况下擅自行动。因此，在设置实验指导语时，要考虑这些可能的影响因素。

三、年龄可能影响儿童对机器人的帮助行为

儿童是否将机器人视为有生命的存在，可能会显著影响他们的帮助行为[①]，而这种认知倾向与儿童的年龄密切相关。在先前的研究中发现，社交机器人能够成为儿童的游戏伙伴、学习的同伴、导师等重要角色。但机器人很明显不是真正的动物，也不是人类，可它们又拥有类动物的或是类人的外形与声音，受限于儿童的年龄与认知水平，他们对机器人的认知可能会影响自身的行为。

近年来，社交机器人以及其他人工智能实体的出现，对现有的区分标准带来了越来越大的挑战。例如，在 Kahn 等人 2012 年的研究中，实验招募了 90 名三个年龄段的儿童（9 岁、12 岁、15 岁），当被询问"是否认为人形机器人是生物"时，13 名儿童认为"是"，43 名儿童认为"不是"，还有34 名儿童认为介于生物与非生物之间，相信机器人和语音助手具备智力、兴趣和情绪情感，还赋予了人形机器人友善、可信的品质，年纪稍长的儿童（6~10 岁）甚至认为机器人比自己还要聪明。[②]

在 Xu 和 Warschauer 在 2020 年对 3~6 岁儿童的研究中发现，儿童有时会自发地将人造属性和生命属性都归于社交机器人。[③] 可见，儿童在区分

<hr/>

① MARTIN D U, PERRY C, MACINTYRE M I, et al. Investigating the nature of children's altruism using a social humanoid robot[J]. Computers in Human Behavior, 2020, 104: 106149.

② KAHN P H Jr, KANDA T, ISHIGURO H, et al. "Robovie, you'll have to go into the closet now": children's social and moral relationships with a humanoid robot [J]. Developmental Psychology, 2012, 48(2): 303.

③ XU Y, WARSCHAUER M. Exploring young children's engagement in joint reading with a conversational agent [C]//Proceedings of the Interaction Design and Children Conference, June 17-24, 2020, London, United Kingdom. New York: ACM, 2020: 216-228.

社交机器人是生物还是非生物，是人工制品还是其他物种上存在一定的困惑。

我们的研究发现，同一年龄不同月龄的儿童对机器人的帮助行为也会有不同，4 岁儿童中月龄越大的儿童越可能被机器人的类人特征触发帮助行为。

四、机器人特征影响儿童的帮助行为

在研究中，我们发现了机器人的交替注视与求助信号能够显著影响儿童的帮助行为，机器人的特定特征在激发儿童亲社会行为方面起着关键作用，这也给机器人外观设计和动作设计等方面带来更多的思考。尽管研究表明，具备类人特征的社交机器人更容易触发儿童和成人的亲社会行为，并促进与他们的互动行为，但这并不意味着机器人在外貌上越接近人类越好。高度的相似会引发恐怖谷效应，使人感到怪异、不适、厌恶或恐惧，因此，在进行人形机器人的设计时应充分考虑儿童的心理感受，避免高度拟人化的设计。此外，机器人的高度拟人化可能触及伦理问题，需在设计中慎重考虑。

结语：本章归纳和整理了我们对儿童分享和帮助机器人行为的研究，包括问题提出、研究结果、后续反思和总结，多方面、多角度地呈现了儿童面对机器人时的亲社会行为表现，以及访谈中儿童对机器人"伙伴"的看法等。通过对以往研究的回顾并结合自身的研究，我们发现各国学者越来越关注社交机器人在多领域的应用，例如，使用社交机器人治疗特殊儿童、关注社交机器人对一般儿童的应用价值等。不仅包括简单的娱乐目的，还包括如何使用社交机器人触发儿童的亲社会行为，探索如何使用社交机器人提高儿童的学习兴趣与学习效果，但目前的研究还未能阐明如何利用社交机器人培养儿童的亲社会行为。

　　另外，已有研究认识到，随着社交机器人的逐渐智能化，儿童对社交机器人的认识可能越来越困惑，特别是对于外表高度拟人化的社交机器人，儿童可能无法准确区分社交机器人到底是人还是机器，由此产生的困惑与相关伦理问题有待更好地解决。除此之外，研究虽然积极地探索了机器人的何种特征能够触发儿童的亲社会行为，但尚不清楚儿童产生不同行为背后的具体原因，因此，儿童对社交机器人的亲社会行为还有许多问题值得进一步探索。

第六章　机器人与儿童亲社会行为教育展望

第一节　机器人在儿童亲社会行为教育中的应用

本书的前半部分以幼儿亲社会行为为出发点、以幼儿与机器人互动等主题具体详细地解答了"机器人对幼儿亲社会行为的影响"这一问题，也为机器人在幼儿亲社会教育实践中的应用提供了一定的理论基础。本章将视角聚焦在机器人的真实场景中的应用上，对机器人在实验情境或真实的教育情境中的使用做出总结，以期回答以下问题：机器人可能会在幼儿的亲社会行为发展实践中扮演什么角色？又将会以什么样的方式参与幼儿的亲社会教育实践？当机器人参与幼儿的亲社会教育实践时存在怎样的挑战？如何为幼儿教育环节中各主体提供可行性的使用建议？

本章将全面地介绍机器人在幼儿亲社会行为教育中的应用，以此来促进机器人更好地融入幼儿的亲社会教育，进而促进幼儿更加积极和全面地发展。

一、机器人在儿童亲社会行为教育实践中的不同角色

随着科技的进步，机器人的制造和生产技术越来越成熟，与此同时，机器人也越来越多地出现在我们的视野之中，衍生出了多样化的机器人类型，如工业机器人、特种机器人、服务机器人等。这些机器人功能和外形

各异，但都以各自独特的方式参与人类生活的方方面面，深刻地影响着我们的日常生活。机器人在人类生活中使用的场景十分多样，也在参与过程中扮演着多种多样的角色。

特别是随着社交机器人这一新兴领域的崛起，这些被赋予智能与情感的机器人，正以一种前所未有的方式与人类进行高效且富有社会意义的互动。例如，博物馆的机器人讲解员凭借其丰富的知识储备、幽默通俗的语言表达以及不知疲倦的工作状态，为参观者提供准确、生动的历史讲解，极大地丰富了参观者的视听体验；酒店机器人服务员作为"多才多艺的打工人"，不仅能够为客人指引路线，还能自主乘坐电梯完成送餐、送物等服务，显著提升了服务效率；在教育领域，越来越多的学生从幼儿园阶段就开始接触机器人编程课程，参与相关竞赛活动，展现了机器人教育的普及化趋势；在家庭生活中，扫地机器人以其小巧灵活的身躯，高效完成房间清洁任务，覆盖传统清扫难以触及的角落，成为现代家庭的得力助手。这些都是机器人参与人类生活，为人类生活带来变化的实例。因此，社交机器人所展现出的潜力与价值，为我们探索儿童与机器人互动的模式、路径提供了宝贵的启示和思考。

（一）机器人在儿童教育实践中的不同角色

由北京师范大学所发布的《2019 全球教育机器人发展白皮书》指出，将所有协助进行教学或学习活动的"机器人教育"，以及具有教育服务智能的"教育服务机器人"，统称为教育机器人。对于儿童这一用户群体而言，教育机器人在不同时期承担着不同的任务，短期内，它们可以作为游戏玩伴，寓教于乐，传授常识；长期来看，机器人是一个能够进行自然对话和知识问答的"探索型教师"角色，教授儿童知识，帮助儿童理解和发展社会化技能，甚至照顾儿童的生活。无论在哪个阶段，教育机器人都对儿童发展具有重要作用。

基于以往的机器人应用于课堂中的文献与研究，可以得知机器人的应用角色大致可以分为四种：教师、伙伴和同伴、照顾者，以及远程的机器人教师。当关注到机器人与学习者互动并且提供学习经验时，机器人在教育中可以扮演的角色大致有教师、同伴和新手。这些研究者对机器人应用于教育场景中的角色进行了讨论，由其综述结果可知机器人在真实的教育实践中可以扮演的角色较为丰富多样。此外，还有一些研究更加细致地探讨了机器人作为教师在教授幼儿语言、数学等方面的学习效果，发现机器人在为幼儿提供教育知识、参与幼儿教育实践的积极作用。机器人在幼儿教育实践中的角色与功能正随着技术的进步而不断扩展与深化，为幼儿教育带来了前所未有的可能性。

(二)机器人在儿童亲社会行为教育实践中的不同角色

3~8岁是儿童社会性迅速发展的关键时期，他们的社会化始于与父母或者照顾者的交流，并且在与老师和同龄人的互动中继续发展。随着科技的发展，机器人作为人际互动的媒介，正越来越多地参与儿童的生活。这些机器人具备某些特征和属性，能够在一定程度上促进儿童的社会化发展。研究表明，4岁左右的儿童会对机器人表现出亲近、信任和依赖等类似于对待真实生物的情感反应，会与机器人分享故事和秘密，并将机器人视为自己的密友。① 这让我们看到机器人参与儿童亲社会教育的可能。参照以往研究对机器人参与儿童教育实践的不同角色的探索，我们有必要进一步探讨机器人在儿童亲社会教育实践中的具体角色。接下来的内容将围绕这一问题展开详细介绍。

1. 教师角色

首先，在儿童的亲社会行为教育实践中，机器人有可能会担任教师角

---

① BORENSTEIN J, PEARSON Y. Companion robots and the emotional development of children[J]. Law, Innovation and Techmnology, 2013, 5(2): 172-189.

色。机器人教师是具有"类师性"特征、高度智能化的特定类型机器人。这类机器人有别于传统意义的人类教师,主要通过应用程序参与教育教学活动,且大多以实体机器人、虚拟数字人等形态呈现,服务于教学活动,助力学生发展。其次,作为具有非常突出的"类师性"特征的机器人,它们不仅是教师群体在类型上的扩展,而且还是高度智能化类似于教师的一种特殊"主体"。例如,极端天气常常给人们的工作和生活带来诸多不便,但活动室里却始终有一位随时待命的"老师"——社交机器人。它不受时间、天气或体力的限制,能够全天候陪伴儿童学习与游戏。考虑到机器人的特殊性,机器人并不会出现真人教师职业过程中所出现的倦怠等问题。此外,机器人具备移动性、内存较大等特点,在担任教师角色时,可以快速地为儿童提供准确的知识、优质的活动、清晰的学习材料和新奇的体验,具备能够弥补部分地区师资不足的优点。当机器人作为教师参与儿童的亲社会行为教育实践时,可以像人类教师一样以讲故事等多种方式对儿童进行亲社会教育。

2. "新手"角色

在儿童的亲社会行为教育实践中,社交机器人可以巧妙地扮演"新手"角色,这一设定旨在创造一个激发儿童展现亲社会行为的特定情境。具体而言,机器人通常会被预设为在某一方面表现欠佳的"弱者",为诱导儿童产生帮助行为营造契机。以往研究者在知识学习方面将机器人设定为一个学习新手,比如让它书写得很差、故意犯英语方面的错误等。通过让儿童担任教育者教授机器人这方面的能力,在这一过程中儿童对自己的能力进行反思和巩固,进而促进儿童书写、英语等能力的提升。①

---

① HOOD D, LEMAIGNAN S, DILLENBOURG P. When children teach a robot to write: An autonomous teachable humanoid which uses simulated handwriting[C]//Proceedings of the Tenth Annual ACM/IEEE International Conference on Human-Robot Interaction, March 2-5, 2015, Portland, Oregon. New York: ACM, 2015: 83-90.

同样地，如果参与儿童亲社会教育实践活动的机器人被设置成一定程度上的"弱者"，就会诱发那些具有亲社会倾向的儿童来帮助它。Kocher 等人就设置了这种 3~7 岁儿童和机器人共同参与的合作建筑游戏，游戏中机器人并不能独立完成任务，需要儿童的帮助。其研究结果表明，尽管这一机器人的能力有限，儿童仍旧会将其当作有生命的伙伴，进而帮助它。[1] Martin 等人则进一步设置帮助情境，考察类人机器人的自主性和友好程度这两个不同特征对儿童帮助行为的影响，研究结果表明 3 岁儿童的帮助行为并不受到这些因素的影响，所有实验条件下儿童的帮助速度和时间都差不多，即儿童的无条件帮助行为会转移到机器人身上。[2] Pang 等人在实验情境中探讨了 4 岁儿童看到一只难以从笼子里出来的机器狗时，其委屈的叫声是否会影响儿童的帮助行为，研究结果表明，听到委屈声音的儿童会更多地选择帮助这只机器小狗。[3] 相对于机器人的教师角色而言，机器人作为"新手"在一个"弱势"情景中出现，似乎更能够引导儿童表现出亲社会行为，这为我们将机器人投入亲社会教育实践中提供了一定的启示。

3. 教育工具

在儿童的亲社会行为教育实践中，机器人作为一种新兴的教育工具，正逐渐展现出其独特的价值。例如，狗形机器人能够有效引导儿童游戏活

① KOCHER D, KUSHNIR T, GREEN K E. Better together: young children's tendencies to help a non-humanoid robot collaborator [C]//Proceedings of the Interaction Design and Children Conference, June 21-24, 2020, London, United Kingdom. New York: ACM, 2020: 243-249.

② MARTIN D U, PERRY C, MACINTYRE M I, et al. Investigating the nature of children's altruism using a social humanoid robot [J]. Computers in Human Behavior, 2020 (104): 106149.

③ PANG Y, JIA Q, LEE J. Children's indiscriminate helping behavior toward the robot dog: can voice influence it? [C]//International Conference on Human-Computer Interaction, July 23-28, 2023, Copenhagen, Denmark. Cham: Springer Nature Switzerland, 2023: 101-111.

动，促进儿童的情感学习，是一种具有潜在价值的教育工具。此外，在真实的课堂之中，配备显示屏的机器人可以通过呈现图片、播放音乐或视频等方式，丰富教学形式，提高儿童的参与度，为教师组织活动提供有力支持。华中师范大学幼儿园在园区科技馆内引进了名为"法宝"的机器人，它是一个配备较大显示屏的可移动机器人，其外观可爱，与幼儿的身高接近，能够自然地融入幼儿的活动环境。当华中师范大学幼儿园的幼儿置身于科技馆开展活动时，"法宝"为幼儿提供了多方面的帮助和支持；在教学实践活动之外，"法宝"也具备语音互动、知识科普、信息识别等功能，能够为幼儿提供其他的帮助。由于"法宝"所具备的可移动性的特点，"法宝"能够跟随教师前往园区的任何地点，打破了使用地点的限制。"法宝"的显示屏也能很好地为教师上课或是活动组织提供视频、音频、图片等支持，让教师的活动开展更加有趣和丰富，机器人参与活动也能给幼儿带来新奇的体验，幼儿们都十分期待和"法宝"的互动。

这一案例表明，机器人在儿童教育实践中具有广阔的应用前景，不仅能够支持教师的教学活动，还能通过创新的互动方式促进儿童的情感发展和亲社会行为的培养。与机器人在儿童数学、语言学习等领域的成功应用相呼应，机器人在儿童亲社会行为教育实践中的应用中同样展现出巨大潜力，能够扮演多种角色并发挥积极作用。然而，这一过程中教师的专业思考与辅助不可或缺，教师需深入探索如何巧妙地设计和引入具体活动，如何最大化利用机器人多样化的角色，以确保这些活动能够贴合儿童的发展阶段与个性化需求，使机器人在促进儿童亲社会行为发展中实现有效且高效的运用。

在此过程中，教师需综合考虑儿童的心理特征、认知水平及亲社会行为的发展规律，设计富有创意、互动性强的教育活动。教师应充分挖掘机器人作为教育媒介的独特优势，如互动性、个性化反馈等，为儿童构建一个更加生动、多元的学习情境。教师还需密切关注儿童与机器人互动的动态过程，及时调整教学策略与方法，确保机器人能够在适宜的场景下以恰当的方式促进儿童亲社会行为的积极发展。

二、机器人参与儿童亲社会行为教育实践的方式

以往研究表明，将机器人应用于儿童的学习和生活中能促进儿童的发展。Crompton 等人探究了 NAO 机器人在幼儿园的使用，发现在儿童的学习领域中，机器人均能为儿童提供发展机会。儿童对机器人充满了好奇，他们渴望与机器人进行交谈，提出关于机器人的问题并与机器人进行眼神交流；机器人的出现使儿童感到兴奋，带来了更多的学习热情。[①] 儿童与机器人的互动可能是积极愉快的，通过各种好玩的活动吸引儿童的注意力与兴趣。由此可见，将机器人投入儿童的学习和生活环境之中能够给儿童的学习与生活带来许多乐趣，对儿童产生一定的积极影响。

当人们想要利用机器人的优点来促进儿童的亲社会行为学习时，机器人将如何参与儿童的亲社会行为教育实践?

(一)直接参与

将机器人应用于儿童的亲社会行为教育中，可以让机器人直接参与儿童亲社会行为的习得与发展过程。在这种教育情境中，机器人与儿童通过交流、互动和合作等方式直接接触，促进儿童亲社会行为的学习。例如，Peter 等人开展了一项实验研究，探索班杜拉的观察学习理论是否同样适用于儿童从机器人身上学习亲社会行为。研究结果表明那些观看强亲社会机器人模型的儿童表现出更多的分享行为，这验证了机器人作为学习模型的

---

① CROMPTON H, GREGORY K, BURKE D. Humanoid robots supporting children's learning in an early childhood setting[J]. British Journal of Educational Technology, 2018, 49 (5): 911-927.

有效性。^① 在此基础上 Jia 等人进一步探讨社会学习理论中的替代强化在机器人应用到儿童亲社会行为教育实践中的作用，研究设置了一个表现强亲社会行为的类人机器人与儿童玩一个掷骰子的游戏，参与实验的一半儿童将会听到该机器人分享贴纸的数量并随后听到实验者对机器人的表扬。研究结果表明，替代强化理论同样适用于儿童向机器人学习亲社会行为。^②

尽管这些实验中儿童与机器人的互动时间较短，但研究结果充分证明了机器人直接参与儿童亲社会行为教育实践的有效性。这些研究不仅为机器人应用于儿童教育提供了实证依据，也为未来的研究和实践提供了重要的参考意义。通过进一步优化机器人的设计与互动方式，可以更有效地促进儿童亲社会行为的发展，为儿童的社会性发展和情感教育开辟新的路径。

（二）间接参与

将机器人应用于儿童的亲社会行为教育，还可以通过间接参与的方式发挥作用。在此亲社会教育情境中，尽管机器人参与了对儿童的亲社会行为教育，但并不与儿童进行直接的交流、交往、互动等，而是以辅助工具或支持者的角色出现。儿童教师对教育机器人的需求，主要包括以下四项内容：提醒儿童每天必须做的重要事项、帮助教师进行心情识别和身体检查、辅助教师制作教具并提供教育活动资料、组织儿童上课并担任教师的"得力秘书"。这些需求表明，幼儿园教师更希望机器人可以担任助教、助理的角色。

---

① PETER J, KÜHNE R, BARCO A. Can social robots affect children's prosocial behavior? An experimental study on prosocial robot models[J]. Computers in Human Behavior, 2021, 120: 106712.

② JIA Q, LEE J, PANG Y. Praise for the robot model affects children's sharing behavior[C]//International Conference on Human-Computer Interaction, July 23-28, 2023, Copenhagen, Denmark. Cham: Springer Nature Switzerland, 2023: 327-335.

无论是直接参与还是间接参与，机器人都能够在儿童亲社会行为教育中发挥重要作用，具体采用哪种参与方式取决于教师根据所组织教学实践的具体情况做出的选择。让机器人以适宜的参与方式融入课堂，有利于与教师形成合力，共同促进儿童的亲社会行为发展。

三、机器人在特殊儿童亲社会行为教育实践中的应用

机器人在儿童的亲社会行为发展过程中具备特殊意义，能在一定程度上促进儿童的亲社会行为发展。除了将机器人应用于正常发育儿童在园的亲社会教育活动和其他亲社会教育活动之外，我们也可以将机器人应用于特殊儿童，特别是孤独症谱系障碍儿童的亲社会教育之中，利用其特殊性来促进特殊儿童的亲社会发展，提高其社会适应的能力。

(一)机器人应用于孤独症谱系障碍儿童亲社会行为教育实践

孤独症谱系障碍(Autistic Spectrum Disorders，ASD)是指以社交互动障碍、重复受限的行为或兴趣为主要特点的广泛性神经发育障碍，其中，社交互动障碍是其核心症状。针对这类儿童的早期和持续干预对于改善其症状至关重要。然而，若仅依赖人类(例如，治疗师和家长等)进行此类干预和治疗，不仅实施范围会受到严重限制，而且成本高昂。

为解决教育资源匮乏的困境，研究者逐渐发现机器人干预作为一种创新性解决方案展现出显著的应用潜力。以机器人作为干预手段不仅能够扩大治疗覆盖面、降低经济负担，还能为孤独症儿童提供更加灵活、个性化的支持，有助于他们在社交互动、行为管理等方面取得显著进步。因此，探索和利用机器人等非人类干预手段，对于促进孤独症儿童的全面发展具有重要意义。

机器人辅助治疗(Robot Assisted Therapy，RAT)是一种新兴的治疗方法，是指在医疗、护理及康复领域中使用机器人来辅助医护人员或治疗师

实现治疗或康复目标，具有高重复性、高强度、任务导向及可量化的特点。机器人辅助治疗可以通过应用于 ASD 儿童的联合注意、模仿、情绪识别与表达及人际交往等方面发挥其作用，且已经取得积极的治疗效果。Vanderborght 等人就通过 Probo 机器人实施了 RAT 方法。Probo 机器人能够讲述社交故事。社交故事是一种旨在提高儿童社交技能的工具，且已被证明其对儿童行为干预的有效性。社交故事是为 ASD 患者编写或量身定制的简短场景，帮助他们理解并在社交场合中表现得体，Probo 机器人教这些 ASD 儿童如何做出社会反应，比如说出"你好""谢谢"，并能够分享玩具等。相比于真人讲解者，当 Probo 机器人作为讲社交故事的媒介时，儿童的社交能力提升更多。[①] 由此可知，使用机器人对这些缺乏社交技能的儿童进行亲社会行为教育，有助于促进他们亲社会行为的发展，可以帮助他们更好地融入社会。

已有研究者探索将机器人技术应用于特殊儿童的亲社会行为教育的有效性。Suzuki 与 Lee 使用 NAO 机器人与儿童共同参与音乐活动，并使用游戏得分和亲密度来探索 ASD 儿童的亲社会行为。结果发现，将机器人与音乐疗法相结合对于 ASD 儿童的亲社会行为习得和发展具有明显的促进作用，在 ASD 儿童的治疗过程中表现出积极的效果。[②] 也有研究者探索了 ASD 儿童微笑和儿童亲社会行为之间的关系，微笑作为一种能够传递社会和情感信息的非语言行为，通常意味着积极的行为。Kim 等人的研究结果表明微笑可以作为一个促进 ASD 儿童帮助机器人的加速器，帮助行为的数

① VANDERBORGHT B, SIMUT R, SALDIEN J, et al. Using the social robot probo as a social story telling agent for children with ASD[J]. Interaction Studies, 2012, 13(3)：348-372.

② SUZUKI R, LEE J. Robot-play therapy for improving prosocial behaviours in children with Autism Spectrum Disorders [C]//2016 International Symposium on Micro-Nano Mechatronics and Human Science, November 28-30, 2016, Nagoya, Japan. Piscataway：IEEE, 2016：1-5.

量和儿童微笑的次数之间存在正相关关系。[1] 这启发我们可以控制机器人的动作引发儿童微笑，进而促进 ASD 儿童亲社会行为的发展，同时也表明了用机器人辅助方法促进 ASD 儿童帮助行为发展的潜力。

这些研究都探索了机器人对 ASD 儿童亲社会行为发展的促进作用，尽管得出的结论仅仅局限在少数的被试儿童之内，也没有进行长时间的纵向追踪调查，但值得肯定的是，机器人对 ASD 儿童的亲社会行为发展存在促进效果。

(二)机器人应用于 ASD 儿童亲社会行为教育实践的可能性

在讨论将机器人投入特殊儿童亲社会行为教育实践中之前，首先需要了解这一措施实施的前提条件。共情作为一种复杂的情绪反应，依赖于特质能力和状态影响之间的相互作用。这一过程既包含自下而上的自动化反应，也受到自上而下的认知调控影响，其核心在于个体能够感知(通过直接体验或想象)和理解(认知共情)他人的情绪状态，并明确意识到这些情绪的来源并非自身。共情能力作为对亲社会行为具有重要影响的因素之一，可以划分为认知共情和情绪共情。对于 ASD 儿童而言，在这两个层面的能力都有所缺乏：在认知共情层面，他们难以准确识别和理解他人的情绪状态；在情绪共情层面，难以实现与他人的情感同步。这种双重缺陷不仅限制了 ASD 儿童的社会互动能力，也对其亲社会行为的发展构成了重要障碍。

当机器人扮演教师、同伴、保姆等角色时，它们有可能对 ASD 儿童的共情能力发展产生影响。Pashevich 围绕与机器人交流是否影响儿童的共情

---

① KIM S K, HIROKAWA M, MATSUDA S, et al. Smiles of children with ASD may facilitate helping behaviors to the robot[C]//10th International Conference on Social Robotics, November 28-30, 2018, Qingdao, China. Cham: Springer International Publishing, 2018: 55-64.

发展开展研究。他对 2010—2020 年相关主题的文献进行综述后发现：机器人理论上能够影响儿童的共情发展，但这种影响主要集中在认知共情层面，且其效果很大程度上取决于机器人的设计、功能和使用环境。然而，机器人在儿童情绪共情发展中的影响相对有限，因为情绪共情的发展除了受遗传因素影响外，更多地依赖于父母和主要照顾者的照顾行为。[①] 此外，机器人目前尚缺乏理解复杂情绪的能力，这限制了其在情绪共情发展中的作用。

尽管如此，机器人在 ASD 儿童亲社会行为教育中的研究仍旧为促进儿童共情发展提供了依据。有研究表明参与由机器人组织的心理理论干预的 5~7 岁 ASD 儿童能够将错误信念归因于机器人，即他们能够推断出机器人的心理状态。[②] ASD 儿童在与真人互动时会表现出人际不同步，但与机器人互动时表现出人际同步(心率显著增加)和情绪感受性提高。[③] 这都表明机器人可能增强了 ASD 儿童的情感表现，为社交机器人参与 ASD 儿童亲社会行为的发展提供了一定的心理基础，揭示了使用机器人促进 ASD 儿童亲社会发展的可能性。

(三)机器人应用于 ASD 儿童亲社会教育有效性的评估方式

在评估机器人应用于 ASD 儿童亲社会教育的有效性时，我们需要采取一种综合且细致的评估策略，以确保评估结果的准确性和全面性。这包括定量评估和定性评估两个方面。在定量评估方面，我们可以利用先进的人

① PASHEVICH E. Can communication with social robots influence how children develop empathy? Best-evidence synthesis[J]. AI & Society, 2022, 37(2): 579-589.

② ZHANG Y, SONG W, TAN Z, et al. Theory of robot mind: false belief attribution to social robots in children with and without autism[J]. Frontiers in Psychology, 2019, 10: 1732.

③ GIANNOPULU I, ETOURNAUD A, TERADA K, et al. Ordered interpersonal synchronisation in ASD children via robots[J]. Scientific Reports, 2020, 10(1): 17380.

脸检测、过滤算法等技术手段，对儿童在干预过程中的注意力分配进行分析。同时，结合注视方向和头部姿势的预估，我们可以定量测量儿童在与机器人互动时展现出的亲社会行为（例如，眼神交流、微笑、主动接近等），以及这些行为的频率和持续时间。定性评估则侧重于观察儿童在视频片段中与机器人的互动情况。我们可以记录儿童玩或探索机器人的时间，以此作为反映他们兴趣和参与度的指标。此外，我们还需要细致观察儿童的具体行为和动作（例如，他们是否尝试模仿机器人的动作、是否对机器人的指令作出积极的响应等）。这些观察结果将用于深入分析儿童在亲社会教育中的进步和变化。

在进行 ASD 儿童亲社会教育实践的评估过程中，我们应确保评估方法的科学性和客观性，避免主观偏见对评估结果的影响。同时，我们需要详细记录每次评估的所得结果，包括定量数据和定性观察，以便为后续的实践提供全面、准确的参考。我们还可以考虑结合家长和教师的反馈等数据，形成更加完整的评估体系。

(四)机器人应用于 ASD 儿童亲社会教育的优势

社交机器人应用于 ASD 儿童亲社会教育的优势是多方面的。已有研究表明，社交机器人能够显著提升 ASD 儿童的参与度、提高他们的注意力的集中程度，并唤醒他们的积极情绪。此外，社交机器人本身具备的一些特性也为其在 ASD 儿童亲社会教育中的应用提供有力支持。其中，可预测性和自我表露是两大核心优势。可预测性体现在机器人行为的稳定性和可预见性上，是指个体能够快速准确地预测机器人的行为模式，这种特性对 ASD 儿童尤为重要，是帮助儿童保持学习状态和参与兴趣的重要因素。自我表露则指机器人能够主动分享与自身相关的信息（例如，表达情绪状态或任务目标），这不仅丰富了儿童与机器人互动的内容和形式，还为儿童提供了学习社交的线索和情感表达的机会。这些机器人本身所具备的优势可以帮助社交机器人更好地应用于 ASD 儿童的亲社会行为教育之中。在更多真实的实践场景中，应利用好机器人自身的优势，使其能够更好地为儿童和家长服务。

四、机器人在儿童亲社会行为教育中应用的挑战

北京师范大学发布的《2019 全球教育机器人发展白皮书》中指出，将教育机器人引入实际教育体制仍旧存在着很多方面的困难与障碍，例如，缺乏战略高度的顶层设计，缺乏完善的课程标准与评估机制，缺乏相对应的学习内容，缺乏应用机器人教学的师资，缺乏如何应用教育机器人的研究等。由此可见，将机器人运用到儿童亲社会行为的教育实践中也必然存在一些困难，尽管社交机器人已经能够通过多种方式参与儿童亲社会行为教育的各项实践，但在真实的亲社会行为教育情境中使用和推广社交机器人面临着巨大挑战，下面将对各方面的挑战进行详细地论述。

（一）技术挑战

科学技术的发展促使机器人越来越多地参与儿童的学习和生活，各式各样功能和类型的机器人也层出不穷，这些外形和功能多样的机器人不仅为儿童的学习和生活带来了乐趣，还为家长和教育者提供了便利。但是，机器人运用于实践仍然存在一些技术挑战。虽然大多数机器人在受限环境中能够自主操作，但在更复杂的真实场景中，它们的社会交互能力和适应性仍难以实现。由于当前技术发展的限制，机器人在实践中仍旧会面临活动流程中断、无应答或错误应答、语音识别错误、设备卡顿等问题。这是因为当前的人工智能技术尚未达到完全理解和模拟人类社交行为的水平，尤其是在处理复杂情感和社交规则方面尚存不足。目前的技术水平仍然不能使机器人完全自如地参与儿童的亲社会教育实践。这是因为亲社会行为的教育涉及复杂的情感交流、道德判断和社交技能培养，这些都需要高度

智能化的机器人。然而，当前的机器人技术还无法完全满足这些需求，仍需要教师和其他的活动组织者来调整和协助使用。

(二)隐私问题

随着信息技术在课堂中的广泛应用，信息隐私问题日益突出。机器人与儿童的互动是由传感器实现的，如果传感器只是用来实现反应性信息而不用来存储信息，隐私问题似乎无须过多担忧。但是，当传感器检测到的信息被记录下来，或是被分类记录下来，那么访问这些信息的权利归属就值得我们关注。这样的方式无疑会给使用者本身带来一定的担忧，由此涉及的儿童隐私和安全问题就十分值得开发者和使用者思考。采用什么样的方式来改进技术，才能为保护儿童的隐私安全提供坚实屏障，让使用人员在一定程度上对社交机器人"放心"，这是提升机器人接受度时必须要考虑的一个重要方面。

(三)成本投入

将社交机器人应用于儿童亲社会行为的教育实践，涉及人力投入和财力投入两个方面，这些成本问题是推广机器人教育的重要挑战。

一方面，在机器人教育实践中，儿童教师扮演着至关重要的角色。机器人在儿童亲社会行为教育实践中的应用，无论是采用直接参与的方式还是间接参与的方式，儿童教师都是十分重要的引导者和辅助者，因此，教师的能力和素养在机器人应用于儿童亲社会行为教育实践中发挥着至关重要的作用。这不仅要求儿童教师具有较高的信息能力和素养，具备端正的学习态度和较强的学习能力，更需要教师具备灵活的活动组织能力和教学机智。这对教师的职业能力提出了新的挑战，甚至有可能需要幼儿园配备专业的信息技术教师。在难以配备专业教师的情况下，提升一线教师的信息技术能力成为最佳的解决方案。

　　然而，教师能力的提升需要时间和系统的培训支持，可能引发部分教师对工作负担加重的担忧。考虑到幼儿园教育具有独特的"保教结合"特点，教师不仅要关注教育目标，还需兼顾儿童的生活照料需求。此外，国内幼儿园普遍存在"师幼比"较低的问题，教师需要同时关注多个个性独特的儿童，这些因素增加了教师应用机器人技术的复杂性和挑战性。因此，将机器人投入儿童亲社会行为教育的使用中时，适合的师资往往不足，可能会让部分教师感到使用机器人是一种"负担"。但 Crompton 等人的研究发现，尽管教师在机器人的集成和操作方面缺乏知识和经验，但教师仍旧欢迎机器人作为课堂工具，以配合课堂要求，满足儿童的发展需求。① 因此，如何促进教师专业成长，使其适应社交机器人的发展，是我们亟需解决的问题。

　　此外，社交机器人作为一种智能设备，考虑到成本投入、后期维护、调整检修、更新换代等问题，其使用成本仍旧较高，难以大规模、大批量地引入幼儿园实践之中。对于一些私立园、农村地区幼儿园而言，这是一笔难以负担的大额支出。高昂的成本不仅限制了机器人的普及，也可能加剧教育资源的不平等。但随着机器人技术的发展以及机器人的大批量生产，机器人在未来可能实现普及，缩小地域间教育资源的差距。

（四）教师及家长态度

　　在探讨机器人应用于儿童亲社会教育实践时，我们不能忽视儿童的监护者和教师的态度。儿童作为亲社会行为教育的最核心受众，其成长过程中的引导与塑造离不开教师和家长的双重作用。因此，教师和家长对机器人介入儿童教育的看法，对该领域的发展具有举足轻重的影响。已有研究

---

①　CROMPTON H, GREGORY K, BURKE D. Humanoid robots supporting children's learning in an early childhood setting[J]. British Journal of Educational Technology, 2018, 49(5): 911-927.

围绕教师对机器人的使用态度进行调查。Reich-Stiebert 和 Eyssel 探讨教师对机器人教学和机器人中介学习的态度，结果表明，教师普遍认识到机器人在 STEM 教学中的潜力，并认为机器人可以作为信息源支持教学。在被问到未来会如何使用机器人时，教师提到了机器人可以作为信息源被使用。教师也表达了对教学过程中断、额外的工作量或者是机器人可能会取代人际关系的担忧。[①] 这为我们提供了参照，表明教师已经能够认识到将机器人投入真实的教育场景之中的益处，但仍对当前存在的问题持谨慎态度。

因此，在将机器人投入真实的亲社会行为教育情境前，需要教师、家长以及其他对儿童有重要影响的成人，先树立起自己对于机器人的正确认识，多方面了解关于机器人的知识，探索机器人的使用。此外，教师还需要为儿童做好引导，促进机器人在儿童亲社会行为教育实践中的应用。

(五) 实验的局限

在探讨机器人对儿童亲社会行为影响的实验研究中，我们不可避免地会遇到一系列实验本身的局限性。这些局限性涉及实验结果的采集、推广以及实验设计等方面，导致将实验结论直接应用到儿童亲社会行为的教育中存在一定的困难。

首先，机器人干预实验通常在实验室等较小的场所开展，且大多采用一个实验人员对应一个或少数儿童的模式。因此，目前机器人对儿童亲社会行为影响的研究结论较多是在实验室中得出的。但是，在真实的教育情境中，教师会面对各种各样的突发状况和问题，儿童表现与教师素养均难

以把握。实验室结论是否能够使用和推广仍需要我们继续深入探索。未来研究可以通过扩大样本量、减少实验弊端、提升实验结果的生态效度来得出更加科学、普适的结论以供实践参考。其次，实验数据的收集主要依赖实验中采集的音频、视频以及活动表现，这对实验环境的要求较高，而实验中常常存在噪声，这可能影响干预的实施和效果评估。此外，尽管参与实验的人员都在一定程度上接受了培训，但仍旧难以保证其能够始终如一地、高质量地收集实验数据，也可能对实验数据的准确性造成影响。同时，由于机器人辅助干预系统并不适用于多元交互，可能无法捕捉到环境中的所有个体行为，降低了实验的内部效度。最后，以往部分研究中被试的流失率较高、被试量较少等因素，也可能会影响到实验结果的可靠性和推广性。

将机器人应用于儿童的亲社会教育实践中仍需要考虑多种因素和多重阻碍。这需要教师、家长、机器人开发商、学术研究者等群体的共同努力，在探索中不断克服困难，使机器人在教育中的应用发挥出最大效益，在协调配合中为儿童发展提供最佳支持。

结语： 本小节立足于将机器人应用于儿童亲社会行为教育实践，对相关文献研究结果进行了简单的梳理呈现，从机器人所承担的角色、参与的方式、应用时存在的挑战等方面进行了详细阐述。研究发现，在儿童亲社会行为的培养过程中，机器人可以扮演多重角色，如教学助手、学习伙伴和行为模范等，通过辅助教学活动、提供互动平台以及个性化反馈等方式，有效地促进儿童亲社会行为的发展。此外，从正常发育儿童到特殊儿童教育对象的转变上，我们发现了机器人应用于亲社会行为教育实践的广泛性和可能性。这给我们留下了一个值得思考的问题，在已有条件之下，如何更快、更好、更高效地促进机器人应用于儿童亲社会行为教育实践之中。与此同时，考虑到网络安全和隐私保护等方面的问题，在真实的使用情景中，使用者仍要注重机器人使用的适宜性、伦理性和安全性，合理安排活动内容和材料呈现，减少家长和教师的担忧。这离不开各方面人员的努力，也值得我们不断地思考与合作，促进儿童的全面和高质量发展。

第二节　机器人促进儿童亲社会行为发展的策略研究

在目前的教育实践中，越来越多的机器人走进课堂，担任起知识传播的角色。据《2019 全球教育机器人发展白皮书》估计，截至 2023 年，教育机器人的市场规模将超过 3308 亿美元，教育服务机器人营收将占据整个市场的 77.5%以上。白皮书中对 1032 名教师、1345 名家长和 857 名大中小幼各学段学生的调查显示：教师、家长和学生对使用教育机器人持积极态度，85%的学生和 90%的教师都表示希望拥有一台教育机器人。

AI 技术为机器人功能的日益多样化提供了技术支持，如：语音识别、自主导航等都为支持机器人功能发挥了重要作用。在 AI 技术支持下，社交机器人作为与人类和机器人的互动而开发的机器人，已经被逐渐应用于教育情境，参与到与儿童的教学互动中。

科技的进步是一把双刃剑。面对数字化洪流，我们应致力于最大化其积极效应，同时有效管控其潜在风险。本章将从家长、教师、机器人开发者、国家这四个主体出发，探讨如何利用机器人促进儿童亲社会行为的发展。

一、国家政策的推动

（一）已有政策

近年来，人工智能受到全球各个国家的重视，许多国家及组织颁布了相关的政策文件，以促进人工智能的发展。联合国儿童基金会于 2021 年发布了《人工智能为儿童》(*Policy Guidance on AI for Children*)，该指南明确指出：人工智能系统有望改善教育机会，从早期学习到虚拟指导，再到学校管理，人工智能支持的学习工具已被证实可以帮助儿童学习合作、培养儿童批判性思维和解决问题的能力。例如，自适应学习平台有潜力为儿童提供个性化的学习体验，以满足每个用户的独特需求。当与传统教学方法相结合时，这种个性化和一对一的智能辅导对有学习困难的儿童更有优势。课程生成工具可以帮助教师更高效地设计课程，快速生成详细的课程计划和个性化教学方案。社交机器人作为一种新兴的人工智能设备，已逐渐走入课堂教学，成为学生的教学老师和学习助手。

我国互联网教育智能技术及应用国家工程研究中心联合北京师范大学智慧学习研究院于 2022 年发布《全球中小学人工智能教育支撑环境白皮书》。2021 年 12 月，中国教育部部长怀进鹏提出，将人工智能教育全面融入各级各类教育，提高学生的数字技能和数字素养。2018 年 5 月，美国人工智能促进协会与计算机科学教师协会联合成立了工作组，启动美国 K-12 人工智能教育行动。日本从 2016 年就开始探讨并深入展开人工智能及编程教育，提出要帮助儿童建立这个时代需要的"人工智能思维"。2014 年，英国教育部启用新的计算机教学大纲，规定儿童从 5 岁开始学习编写简单的电脑程序、存储和检索数据。

人工智能在教育领域的应用正展现出其独特的优势，已成为多国人工智能战略关注的重要内容，特别是在改善儿童教育服务方面。基于人工智能的互动游戏、聊天机器人以及教育机器人等工具可以为儿童提供新的表达自我和提升创造性思维的渠道，这些技能在人工智能时代尤为重要。例如，社交机器人的游戏活动可以帮助儿童学习阅读和讲故事，增加他们的词汇量，还能帮助他们学习绘画。但目前国内幼儿园及义务教育阶段还缺乏引入机器人教学的系统课程，更多处于开发和摸索阶段。因此，我们需要进一步地研究、分析与实证，探索人工智能工具与应用程序如何具体改善学习成效。

从当前的政策导向来看，各国在将人工智能融入教育时，主要聚焦于培养儿童的技术能力和素养，对儿童社会性发展的关注则相对较少。我们的研究证明，人工智能，尤其是社交机器人，在促进儿童亲社会行为的发展中可以发挥重要作用，并具有显著潜力。因此，有必要加强研究与实践的结合，探索如何有效地利用人工智能工具，为儿童营造一个更加全面、健康和有益的学习环境。

（二）未来发展方向

国家政策在推动社交机器人促进儿童亲社会行为发展的应用中起着至关重要的作用。通过制定支持性政策，提供资金支持和确保技术的安全性和适宜性，政府可以极大地促进这一领域的技术发展和广泛应用。

首先，政府可以制定鼓励创新和研发的政策来推动社交机器人技术的进步。例如，提供研发资金支持，鼓励企业、高等教育机构和研究中心进行相关技术的研究和开发。其次，政府也可以出台相关政策为跨学科的合作助力，促进工程技术与心理学、教育学等领域的知识融合，设计出更符合儿童发展需求的机器人产品。再次，政府还可以提供购买补贴、税收优惠等经济激励措施，降低幼儿园和家庭的采购成本。这不仅能够扩大社交机器人的普及范围，还能促进教育公平，使更多的儿童能够受益于先进的教育技术。最后，政府还需制定相关的标准和规范，确保社交机器人在教育应用中的安全性和适宜性。明确机器人在教育场景中的使用范围和伦理边界，确保儿童隐私数据的安全与合规使用，为儿童的健康成长提供保障。

二、家长参与的策略

在现代教育技术的发展过程中，机器人作为促进儿童亲社会行为的潜在工具逐渐受到重视。家长在该过程中扮演的角色至关重要，他们的直接参与和适当引导对儿童的发展起着不可忽视的作用。家长可以从以下几个方面着手，借助机器人促进儿童亲社会行为的发展。

（一）家长应当提供情感支持

家长提供的情感支持对儿童在与社交机器人互动过程中建立安全感，树立自信心，培养积极的学习态度具有不可忽视的影响。家长可以为儿童创造一个充满爱和安全的环境，为其探索世界和尝试新事物奠定安全的基础。例如，当儿童初次与社交机器人互动时，可能会感到好奇或畏惧。家长可以通过语言和行为表达支持，激发儿童的兴趣和探索欲。当儿童面临理解或操作机器人上的挑战时，家长的鼓励和帮助不仅能增添他们的勇气，还能提升他们解决问题的能力。此外，家长提供的情感支持对儿童而言也是一种认可，能激励儿童继续探索。总之，家长的情感支持不仅有助于儿童在技术化的互动环境中建立起安全感和自信心，也有利于家长在儿童亲社会行为的培养上取得进步。

（二）家长应当进行行为示范

在儿童的成长过程中，模仿是一种重要的学习方式，他们通过观察并复制周围人的行为来习得新的行为模式和社会技能。家长作为儿童的主要观察对象，其行为对儿童具有重要影响。家长展现出的亲社会行为，可以塑造儿童的行为习惯和价值观。家长可以通过与社交机器人的互动来具体示范亲社会行为。例如，与机器人互动时，通过轮流操作、分享游戏道具等示范，帮助儿童更好地理解并内化这些亲社会行为。此外，家长在面对机器人故障等挫折时保持冷静、积极解决问题的态度，也是儿童学习处理冲突和挫折的重要榜样。

（三）家长应当进行互动指导

在儿童与社交机器人的互动过程中，家长的互动指导起着至关重要的作用。家长的引导不仅有助于儿童更好地理解机器人行为背后的意义并学习，还能促进儿童社交技能的发展，特别是亲社会行为的培养。首先，家长可以亲自示范，教会儿童如何清晰地发出指令，以及如何识别并响应机器人的语音或动作反馈。由于社交机器人的设计往往包含复杂的编程和反应机制，儿童可能无法直接理解机器人的反应或下一步的行动。在这种情况下，家长可以解释机器人的行为，如：指出机器人的语音反馈是如何与儿童的命令相对应，以及机器人是如何识别和响应儿童的特定动作，帮助儿童快速理解与机器人互动的方式和技能。其次，家长还需帮助儿童解读机器人在游戏或学习活动中提供的反馈信号。在儿童与机器人的游戏或学习活动中，机器人可能会提供一些反馈以同应儿童的表现或下一步应采取的行动，家长可以帮助儿童去理解这些反馈的意义，并指导他们如何根据反馈调整自己的行为。例如，如果机器人通过红灯和绿灯的信号来指导儿童该如何去选择，家长可以去解释这些信号的含义，并鼓励儿童做出适当的反应。通过家长的指导，儿童不仅能够提升与机器人互动的技能，还能在潜移默化中加深对社交行为的理解，学会如何与他人建立积极的互动关系，进而有效促进亲社会行为的发展。

（四）家长应当创设良好的学习环境

家长在促进儿童亲社会行为发展的过程中扮演着至关重要的角色，这还体现在创设儿童与社交机器人互动的学习环境方面。一个支持和促进儿童学习的环境，不仅能够激发儿童的学习兴趣和提升他们的积极性，还能够有效促进他们的亲社会行为发展。首先，家长可以调整物理空间，优化儿童的学习环境，包括为儿童与机器人的互动创造一个特定的安全、舒适且无干扰的空间。其次，家长可以通过安排日常活动，增加儿童与机器人的互动机会，增加使用机器人的自然性和连贯性，使其成为家庭日常的一部分。家长还可以创造多样化的学习情景，丰富儿童的互动体验。例如，可以通过模拟不同的社交场景，让机器人扮演不同的角色，引导儿童在不同的社交情境中与机器人交流。家长也可以选择与儿童年龄和发展水平相适应的机器人和互动程序，更有效地激发儿童的学习兴趣。

（五）家长应当进行安全监督

在儿童与社交机器人的互动中，家长的安全监督也发挥着至关重要的作用。儿童的认知和身体还未成熟，他们未能敏感地识别潜在的危险和不适宜的内容。因此，家长需要在此过程中进行安全监督，防止危险和负面影响。例如，家长首先需要确保机器人的结构无锐角、没有小部件脱落，在操作过程中保持稳定、速度适中。其次，家长要关注机器人提供的教学内容，确保它们符合儿童的认知水平和心理发展需求，有积极的教育意义。最后，家长也要监督儿童与机器人的互动时间，防止儿童过度依赖机器人从而影响儿童与同伴交往。

三、教师实施的策略

（一）教师应了解智能化教学的基础知识

教师在使用社交机器人促进儿童亲社会行为发展的过程中，应了解和掌握机器人在促进儿童发展方面的作用及相关基础知识，包括如何启动机器人、编程、语音交互等，以便更精准地使用机器人进行教学活动，适应不同儿童的需求。

与传统电子学习工具相比，社交机器人具有优越性，它们提供了一种不同的交互方式。它们的物理存在和能力可以激发学习者的社交和情感反应，为学习者创造了一种更吸引人和参与感更强的学习体验，从而促进学习者的学习效果。[1] 社交机器人不仅提高了学习者的认知能力，还能提高

---

[1] KÖSE H, ULUER P, AKALIN N, et al. The effect of embodiment in sign language tutoring with assistive humanoid robots[J]. International Journal of Social Robotics, 2015, 7(4): 537-548.

他们的情感认知和社交技能。①

　　此外，教师还需了解如何根据儿童的个体差异调整机器人的使用方式。例如，对于社交能力较弱的儿童，可以通过设置简单的互动任务逐步提升其参与度；对于社交能力较强的儿童，则可以设计更具挑战性的活动，以促进其高阶社交技能的发展。

(二)教师应当采用合适的教学策略

　　教师在使用社交机器人辅助教学时，需要采用合适的教学策略提高教学效果，以促进儿童情感认知和社交技能的发展。具体而言，教师应设计一系列符合儿童年龄特征的教学活动，利用社交机器人模拟社交场景促进教学(例如，日常对话、情感识别与表达以及团队合作游戏等)。在活动中，教师可以让机器人表达不同的情感表情，引导儿童观察并尝试分析表情背后的原因，培养他们的情感认知能力。同时，可以通过角色扮演游戏，鼓励儿童在与机器人的互动中学习社交礼仪，提升他们的社交技能。教师还可以利用社交机器人设计团队合作的游戏，让儿童在协作中学会沟通、协商与分工，体验合作的乐趣。总之，教师可以灵活调整机器人的行为模式，以适应不同教学目标与儿童需求，并实时监控活动进展，给予必要的引导与反馈，促进儿童积极参与并提升自身能力。

(三)教师应当对儿童进行互动指导

　　在儿童与社交机器人的互动中，教师的引导和监督扮演着至关重要的角色。教师不仅需要确保互动的顺利进行，还要通过有效的指导策略帮助儿童从中学习和发展。这包括设定明确的学习目标、监控互动过程以及提

---

　　①　TANAKA F, MATSUZOE S. Children teach a care-receiving robot to promote their learning: field experiments in a classroom for vocabulary learning[J]. Journal of Human-Robot Interaction, 2012, 1(1): 78-95.

供及时的反馈和支持，从而优化教学效果并促进儿童的全面发展。

在学习目标方面，教师需要根据儿童的年龄和发展水平来设定适宜的学习目标，例如，提高语言能力，增强社交技能或发展情感认知。在此基础上，设计符合目标的教学互动活动。在互动过程中，教师的监督至关重要。教师应密切关注活动进展，根据儿童反应和学习需求，灵活调整机器人的行为和反应。当儿童表现出困惑时，教师应及时介入，通过提问等方式引导儿童积极参与活动，确保大多数儿童都能从互动中获益。同时，教师需进行持续的评估与调整，评估机器人教学活动的成效，包括观察儿童行为和学习成果两方面。行为方面评估儿童的参与度、与机器人的互动质量及社交技能表现，而学习成果评估则侧重于语言能力、情感识别等具体目标。基于评估结果，教师应调整教学策略和活动设计，如修改活动复杂度、互动方式或教学材料，使机器人最大程度地满足儿童的发展需求。同时，探索多种教学工具和方法，以增强社交机器人融入教学的效果。

此外，教师需要在互动结束后提供反馈，鼓励儿童将在与机器人的互动中学到的社交技能和情感认知应用到现实生活中。通过组织儿童讨论在互动中的体验，帮助儿童理解这些技能在现实中的应用方式，加深儿童的学习，从而更好地提升他们的社会化能力。

四、开发者角度的创新

开发者应当将用户需求和心理发展理论相结合，这不仅涉及对儿童心理发展理论的深入理解，还包括对儿童在不同发展阶段需求的精准把握。首先，开发者应深入了解儿童心理发展的理论基础，特别是与社交技能、情感表达和认知发展相关的理论。例如，依据皮亚杰的认知发展理论，儿童在不同年龄阶段会展示出不同的认知能力和社会交往方式，对这一理论的理解可以帮助开发者设计出能够适应儿童认知水平和社交需求的机器人功能，如：针对具体年龄段设计的问题解决游戏或故事讲述功能。开发者还需要分析儿童在不同发展阶段的特征，将这些特征融入机器人的设计中。例如，对于婴幼儿，机器人设计可以重点放在简单互动和基础语言技能的培养上；而对于学前儿童，机器人的设计可以更加注重流畅完整的语言交流能力和初步的逻辑思维训练。机器人的设计还应考虑到儿童在情感表达和情感理解上的需求，设计能够识别和反应儿童情绪的功能，帮助儿童学习情感识别和情绪管理。此外，开发者应该充分考虑儿童在使用社交机器人时的用户体验，这包括确保机器人的界面友好、互动方式简单直观，并且安全无害。开发者还需通过用户测试，收集来自儿童、家长和教师等终端用户的反馈，持续优化产品设计，确保机器人能够更好地满足儿童及其监护人的实际需求。

　　结语：机器人在儿童亲社会行为教育中扮演着不同的角色，通过参与实践的方式，为儿童提供了丰富的学习体验和互动机会。然而，机器人在应用过程中也面临着一些挑战。为了促进儿童亲社会行为的发展，我们从多个角度提出了教育建议和指导策略。机器人与儿童之间的亲社会互动是一个充满挑战和机遇的领域，展示了一个充满可能性的未来。机器人不仅可以是儿童成长的伙伴，还可以是他们认知世界的窗口。通过深入研究和探索，我们可以更好地利用机器人技术促进儿童的亲社会行为发展，为他们的未来奠定坚实的基础。同时，我们也期待着国家政策的支持、家长的参与、教师的创新以及开发者的努力，共同推动这一领域的发展和进步。

参 考 文 献

1. 李洁，赵爽，刁云慧，等. 学前儿童对陪伴机器人的生命感知及其交互机制［J］. 学前教育研究，2023（3）：58-69.

2. 寇彧，王磊. 儿童亲社会行为及其干预研究述评［J］. 心理发展与教育，2003（4）：86-91.

3. ABUBSHAIT A，BEATTY P J，MCDONALD C G，et al. A win-win situation：does familiarity with a social robot modulate feedback monitoring and learning？［J/OL］. Cognitive，Affective，& Behavioral Neuroscience，2021，21（4）：763-775.

4. ADMONI H，SCASSELLATI B. Social eye gaze in human-robot interaction：a review［J］. Journal of Human-Robot Interaction，2017，6（1）：25-63.

5. AHMAD M I，MUBIN O，SHAHID S，et al. Robot's adaptive emotional feedback sustains children's social engagement and promotes their vocabulary learning：a long-term child-robot interaction study［J］. Adaptive Behavior，2019，27（4）：243-266.

6. ANDRIST S，TAN X Z，GLEICHER M，et al. Conversational gaze aversion for humanlike robots［C］//Proceedings of the ACM/IEEE International Conference on Human-Robot Interaction，March 3-6，2014，Bielefeld，Germany. New York：ACM，c2014：25-32.

7. BAUMARD N，MASCARO O，CHEVALLIER C. Preschoolers are able to

take merit into account when distributing goods [J]. Developmental Psychology, 2012, 48(2): 492-498.

8. BARCO A, DE JONG C, PETER J, et al. Robot morphology and children's perception of social robots: an exploratory study[C]//Companion of the 2020 ACM/IEEE International Conference on Human-Robot Interaction. 2020: 125-127.

9. BARTNECK C, FORLIZZI J. A design-centred framework for social human-robot interaction [C]//13th IEEE International Workshop on Robot and Human Interactive Communication (RO-MAN 2004), September 20-22, 2004, Kurashiki, Japan. Piscataway: IEEE, 2004: 591-594.

10. BERAN T N, RAMIREZ-SERRANO A, KUZYK R, et al. Would children help a robot in need? [J]. International Journal of Social Robotics, 2011, 3(1): 83-93.

11. BIRKS M, BODAK M, BARLAS J, et al. Robotic seals as therapeutic tools in an aged care facility: a qualitative study[J]. Journal of Aging Research, 2016, 2016: 1-7.

12. BORENSTEIN J, PEARSON Y. Companion robots and the emotional development of children[J]. Law, Innovation and Technology, 2013, 5(2): 172-189.

13. BREAZEAL C. Emotion and sociable humanoid robots[J]. International Journal of Human-Computer Studies, 2003, 59(1-2): 119-155.

14. BRINK K A, GRAY K, WELLMAN H M. Creepiness creeps in: uncanny valley feelings are acquired in childhood[J]. Child Development, 2019, 90(4): 1202-1214.

15. CAMERON D, MILLINGS A, FERNANDO S, et al. The effects of robot facial emotional expressions and gender on child-robot interaction in a field

study[J]. Connection Science, 2018, 30(4): 343-361.

16. CARLO G, RANDALL B A. The development of a measure of prosocial behaviors for late adolescents[J]. Journal of Youth and Adolescence, 2002, 31(1): 31-44.

17. CASTELLI I, MASSARO D, BICCHIERI C, et al. Fairness norms and theory of mind in an ultimatum game: judgments, offers, and decisions in school-aged children[J]. PLOS ONE, 2014, 9(8): e105024.

18. CHERNYAK N, GARY H E. Children's cognitive and behavioral reactions to an autonomous versus controlled social robot dog[J]. Early Education and Development, 2019, 30(8): 1175-1189.

19. CIGALA A, MORI A, FANGAREGGI F. Learning others' point of view: perspective taking and prosocial behaviour in preschoolers[J]. Early Child Development and Care, 2015, 185(8): 1199-1215.

20. CROMPTON H, GREGORY K, BURKE D. Humanoid robots supporting children's learning in an early childhood setting [J]. British Journal of Educational Technology, 2018, 49(5): 911-927.

21. DECETY J, BARTAL I B A, UZEFOVSKY F, et al. Empathy as a driver of prosocial behaviour: highly conserved neurobehavioural mechanisms across species[J]. Philosophical Transactions of the Royal Society B: Biological Sciences, 2016, 371(1686): 20150077.

22. DE LEON M P E, DEL MUNDO M D S, MONEVA M L V, et al. Manifestations of helping behavior among preschool children in a laboratory school in the philippines [J]. Asia-Pacific Journal of Research in Early Childhood Education, 2014, 8(3): 1-20.

23. DRUGA S, WILLIAMS R, BREAZEAL C, et al. "Hey Google is it ok if I eat you?" Initial explorations in child-agent interaction[C]//Proceedings of

the 2017 Conference on Interaction Design and Children（IDC 2017），June 27-30，2017，Stanford，CA，USA. New York：ACM，2017：595-600.

24. DUNHAM Y，BARON A S，CAREY S. Consequences of minimal group affiliations in children［J/OL］. Child Development，2011，82(3)：793-811. DOI：10. 1111/j. 1467-8624. 2011. 01577. x.

25. EISENBERG N，MILLER P A. The relation of empathy to prosocial and related behaviors［J］. Psychological Bulletin，1987，101(1)：91.

26. EISENBERG-BERG N，CAMERON E，TRYON K，et al. Socialization of prosocial behavior in the preschool classroom ［J］. Developmental Psychology，1981，17(6)：773-782.

27. EPLEY N，WAYTZ A，CACIOPPO J T. On seeing human：a three-factor theory of anthropomorphism.［J/OL］. Psychological Review，2007，114 (4)：864-886.

28. FEHR E，BERNHARD H，ROCKENBACH B. Egalitarianism in young children［J］. Nature，2008，454(7208)：1079-1083.

29. GIANNOULI I，ETOURNAUD A，TERADA K，et al. Ordered interpersonal synchronisation in ASD children via robots［J］. Scientific Reports，2020，10 (1)：17380.

30. GIOVANELLI C，DI DIO C，LOMBARDI E，et al. Exploring the relation between maternal mind-mindedness and children's symbolic play：a longitudinal study from 6 to 18 months［J］. Infancy，2020，25(1)：67-83.

31. GÜTH W，SCHMITTBERGER R，SCHWARZE B. An experimental analysis of ultimatum bargaining［J］. Journal of Economic Behavior & Organization，1982，3(4)：367-388.

32. HAMLIN J K，WYNN K，BLOOM P，et al. How infants and toddlers react to antisocial others［J］. Proceedings of the national Academy of Sciences，

2011，108(50)：19931-19936.

33. HAN J H, JO M H, JONES V, et al. Comparative study on the educational use of home robots for children [J]. Journal of Information Processing Systems, 2008, 4(4)：159-168.

34. HARBAUGH W T, KRAUSE K, LIDAY S J. Bargaining by children [R]. Eugene：university of Oregon Economics Working Paper, 2003, No. 2002-4.

35. HOOD D, LEMAIGNAN S, DILLENBOURG P. When children teach a robot to write：an autonomous teachable humanoid which uses simulated handwriting [C]//Proceedings of the Tenth Annual ACM/IEEE International Conference on Human-Robot Interaction, March 2-5, 2015, Portland, Oregon. New York：ACM, 2015：83-90.

36. HOY M B. Alexa, Siri, Cortana, and more：An introduction to voice assistants [J]. Medical Reference Services Quarterly, 2018, 37(1)：81-88.

37. ITAKURA S, ISHIDA H, KANDA T, et al. How to build an intentional android：infants' imitation of a robot's goal-directed actions [J]. Infancy, 2008, 13(5)：519-532.

38. JIA Q, LEE J, PANG Y. Praise for the robot model affects children's sharing behavior [C]//International Conference on Human-Computer Interaction, July 23-28, 2023, Copenhagen, Denmark. Cham：Springer Nature Switzerland, 2023：327-335.

39. KAHN P H Jr, FRIEDMAN B, PEREZ-GRANADOS D R, et al. Robotic pets in the lives of preschool children [C]//CHI'04 Extended Abstracts on Human Factors in Computing Systems, April 24-29, 2004, Vienna, Austria. New York：ACM, 2004：1449-1452.

40. KAHN P H Jr, KANDA T, ISHIGURO H, et al. "Robovie, you'll have to go into the closet now"：children's social and moral relationships with a

humanoid robot[J]. Developmental Psychology, 2012, 48(2): 303.

41. KANDA T, HIRANO T, EATON D, et al. Interactive robots as social partners and peer tutors for children: a field trial[J]. Human-Computer Interaction, 2004, 19(1-2): 61-84.

42. KENWARD B, DAHL M. Preschoolers distribute scarce resources according to the moral valence of recipients' previous actions [J]. Developmental Psychology, 2011, 47(4): 1054.

43. KIM S K, HIROKAWA M, MATSUDA S, et al. Smiles of children with ASD may facilitate helping behaviors to the robot [C]//10th International Conference on Social Robotics, November 28-30, 2018, Qingdao, China. Cham: Springer International Publishing, 2018: 55-64.

44. KOCHER D, KUSHNIR T, GREEN K E. Better together: Young children's tendencies to help a non-humanoid robot collaborator[C]//Proceedings of the Interaction Design and Children Conference, June 21-24, 2020, London, United Kingdom. New York: ACM, 2020: 243-249.

45. KÖSE H, ULUER P, AKALIN N, et al. The effect of embodiment in sign language tutoring with assistive humanoid robots[J]. International Journal of Social Robotics, 2015, 7: 537-548.

46. LATANE B, DARLEY J M. Group inhibition of bystander intervention in emergencies[J]. Journal of Personality and Social Psychology, 1968, 10 (3): 215-221.

47. LÖFFLER D, SCHMIDT N, TSCHARN R. Multimodal expression of artificial emotion in social robots using color, motion and sound [C]// Proceedings of the 2018 ACM/IEEE International Conference on Human-Robot Interaction, 2018: 334-343.

48. MARCHETTI A, MANZI F, ITAKURA S, et al. Theory of mind and

humanoid robots from a lifespan perspective[J]. Zeitschrift für Psychologie, 2018(2206), 98-109.

49. MARTIN D U, MACINTYRE M I, PERRY C, et al. Young children's indiscriminate helping behavior toward a humanoid robot[J]. Frontiers in Psychology, 2020, 11: 239.

50. MELSON G F, KAHN P H Jr, BECK A, et al. Children's behavior toward and understanding of robotic and living dogs [J]. Journal of Applied Developmental Psychology, 2009, 30(2): 92-102.

51. NASS C, STEUER J, TAUBER E R. Computers are social actors[J]. Proceedings of the SIGCHI Conference on Human Factors in Computing Systems, 1994: 72-78.

52. NIELSEN M, GIGANTE J, COLLIER-BAKER E. Direct cost does not impact on young children's spontaneous helping behavior[J]. Frontiers in Psychology, 2014(5): 1509.

53. NIJSSEN S R R, MÜLLER B C N, BOSSE T, et al. You, robot? The role of anthropomorphic emotion attributions in children's sharing with a robot[J/OL]. International Journal of Child-Computer Interaction, 2021 (30): 100319.

54. OKANDA M, TANIGUCHI K, WANG Y, et al. Preschoolers' and adults' animism tendencies toward humanoid robots [J]. Computers in Human Behavior, 2021(118): 10668.

55. OLSON K R, SPELKE E S. Foundations of cooperation in young children[J]. Cognition, 2008, 108(1): 222-231.

56. OROS M, NIKOLIĆ M, BOROVAC B, et al. Children's preference of appearance and parents' attitudes towards assistive robots[C]//2014 IEEE-RAS International Conference on Humanoid Robots. IEEE, 2014: 360-365.

57. PANG Y, JIA Q, LEE J. Children's indiscriminate helping behavior toward the robot dog: can voice influence it? [C]//International Conference on Human-Computer Interaction, July 23-28, 2023, Copenhagen, Denmark. Cham: Springer Nature Switzerland, 2023: 101-111.

58. PANG Y, LI H. When the recipient is a social robot: the impact of negative behavioral valence on 5-year-old children's sharing[J]. International Journal of Human-Computer Interaction, 2024: Advance online publication.

59. PASHEVICH E. Can communication with social robots influence how children develop empathy? Best-evidence synthesis[J]. AI & SOCIETY, 2022, 37(2): 579-589.

60. PETER J, KÜHNE R, BARCO A. Can social robots affect children's prosocial behavior? An experimental study on prosocial robot models[J]. Computers in Human Behavior, 2021, 120: 106712.

61. PIAGET J. The child's conception of the world[M]. London: Routledge and Kegan Paul, 1929.

62. PLÖTNER M, OVER H, CARPENTER M, et al. Young children show the bystander effect in helping situations[J]. Psychological Science, 2015, 26 (4): 499-506.

63. PRÉTÔT L, TAYLOR Q, MCAULIFFE K. Children cooperate more with in-group members than with out-group members in an iterated face-to-face Prisoner's Dilemma Game[J]. Journal of Experimental Child Psychology, 2024, 241: 105858.

64. REICH-STIEBERT N, EYSSEL F. Robots in the classroom: what teachers think about teaching and learning with education robots [C]//8th International Conference on Social Robotics, November 1-3, 2016, Kansas City, Missouri. Cham: Springer International Publishing, 2016: 671-680.

65. SHIOMI M, ABE K, PEI Y, et al. "I'm scared" little children reject robots[C]//Proceedings of the Fourth International Conference on Human Agent Interaction, 2016: 245-247.

66. SIPOSOVA B, GRUENEISEN S, HELMING K, et al. Common knowledge that help is needed increases helping behavior in children[J]. Journal of Experimental Child Psychology, 2021(201): 104973.

67. SLAUGHTER V, PETERSON C C, CARPENTER M. Maternal mental state talk and infants' early gestural communication [J]. Journal of Child Language, 2009, 36(5): 1053-1074.

68. SUZUKI R, LEE J. Robot-play therapy for improving prosocial behaviours in children with Autism Spectrum Disorders [C]//2016 International Symposium on Micro-NanoMechatronics and Human Science, November 28-30, 2016, Nagoya, Japan. Piscataway: IEEE, 2016: 1-5.

69. SVETLOVA M, NICHOLS S R, BROWNELL C A. Toddlers' prosocial behavior: from instrumental to empathic to altruistic helping[J]. Child Development, 2010, 81(6): 1814-1827.

70. TANAKA F, KIMURA T. The use of robots in early education: a scenario based on ethical consideration [C]//RO-MAN 2009—The 18th IEEE International Symposium on Robot and Human Interactive Communication. IEEE, 2009: 558-560.